「伊部の家」原図集

手嶋 保 ［著］

Ohmsha

目次

このたび、3年ほど前に発行した『住宅設計詳細図集』が好評を博し、特別版ともいえる本を上梓することとなった。読者はおおむね若い設計者の方々だと思うが、何がしかの役に立つことができたとしたら、たいへん光栄でうれしいことである。私はなるべく同じことは繰り返さないということを自らの戒めとしている。当然のことながら経験は大切な財産だが、得てして成功体験は同時に物事を硬直化させてしまう。そこで、この原図集についても新たな創作として取り組んだ。設計はそもそも同じものにはなりようがなく、敷地や依頼主を含めた与条件の違いは物事を新しく考えるきっかけであるし、常にその時々の感じたことや考えたことを形にしていくというのが、苦労も多いが、やり甲斐のある正直な生き方だと思う。

一方現代の、ある意味仕方ないこととして既製品の氾濫がある。便利で経済的であることに異論はないが、ゆえに創作が疎かになっては意味がない。古今の名作に触れるとき、徹頭徹尾そこに示された真剣なせめぎ合いや決断した勇気を感じるとき、われわれの眼前の仕事もかくありたいものだと思う。

今回、できるだけ写真の点数を絞り、余白を大切にしたいと思った。ページをめくりながら行間の余韻を感じていただきたい。私は万事厳めしいのは苦手だし、何かと説教くさいのもごめんだ。簡素で素っ気ないが、同時に正直で温かみがあるようなものがいい。

前著を出してよくいわれたのが、「原図が見たい」という意見であった。ここに掲載された原図は主に現場への指示や施工に使われたもので、製図用の和紙に3Bの鉛筆で定規を当てながら自ら描いたものである。図面にはテープで補修した痕が見えるが、この紙は優しく丁寧に消さないとすぐに破れてしまうので、何度もやり直しがきかない。しかし透け具合、描き味がよく、現在でも初期案のドローイングはこの巻紙でなければならない。こうしたアプローチは私にとって身体的で実感のもてるものであるが、手描きでなければ魂が抜ける、伝わらないといった情緒的な話ではない。CADだろうが手描きだろうが、またはシャープペンで描こうが鉛筆を削って描こうがその本質には変わりなく、大切なのは万事考え抜くことに尽きると思う。

建築に終わりはなく、結局のところ時間がきて、そこでようやく形になっていく。努力が必ずしも報われるわけではないが、建築はいままで見慣れた場所を唯一無比の場所に変えることができ、そして人々に安らぎを与えることができる。そうした空間のイメージを思い描くだけでも建築家は幸せである。

写真

階段の断面はギリギリで、しかも余裕がなければならない。矛盾するような話だが、よい建築はだいたいそうなっている。

一見誰も気づかないような差異のために情熱を傾ける。するとその差異は物の気配となり、その場を支配するようになる。

打放し壁を備前焼のような風合いにしたいという着想から、ある夜、「表面を洗い出すことはできないか」と考えた。

ジャンカと呼ばれる失敗部分。散々悩んだ挙句に隠さずにとどめた。それが美しいと感じたのだ。

季節の移ろいはまず光に表れる。ここはもっとも季節のうつろいを感じる場所。

格子の桟のバランスなどに腐心する前にその本質を考える。見てくれは二の次。
しかし自然と美しさは備わるものだ。

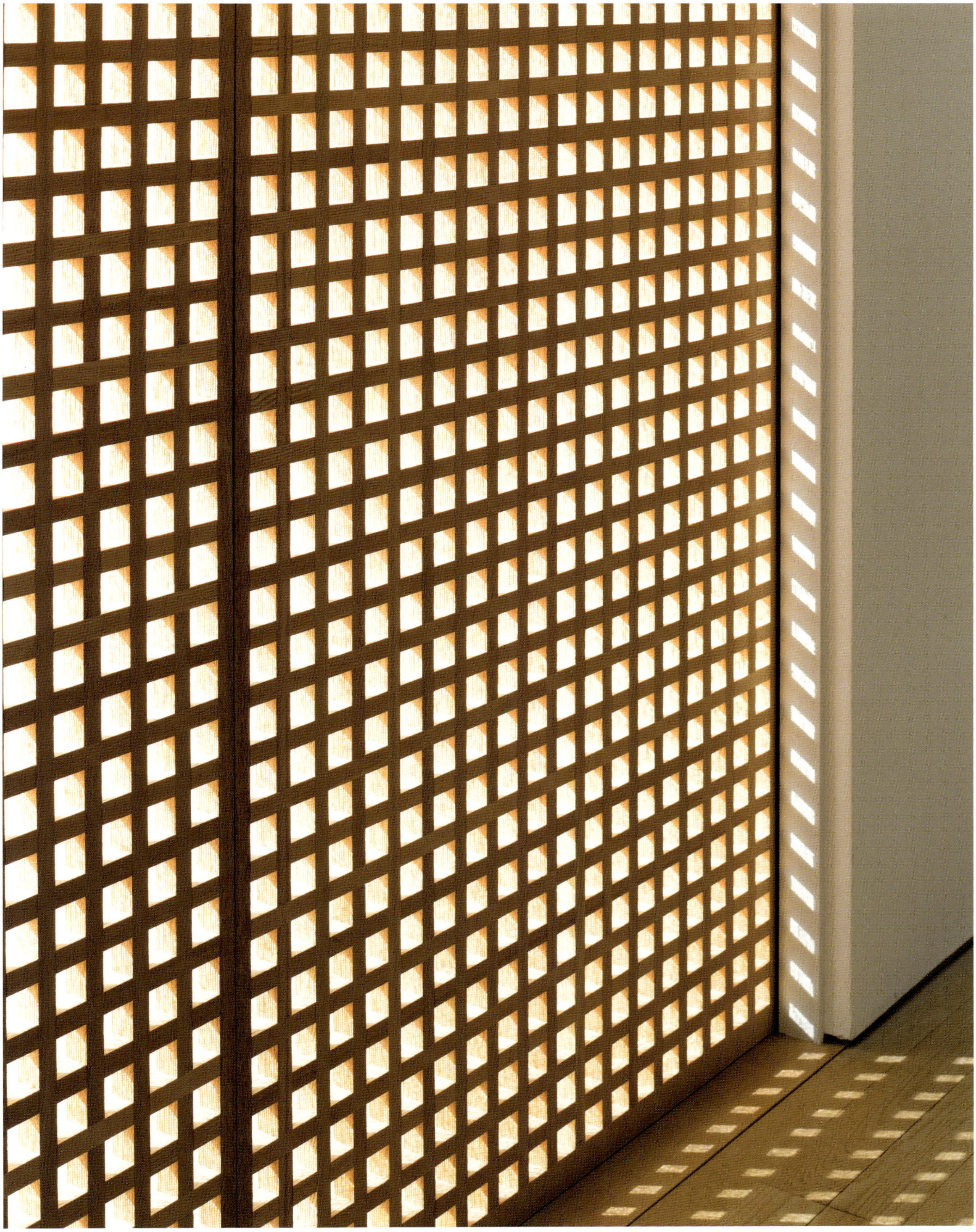

ある巨匠が「階段は段裏のデザインが肝要である」といっている。材の組み方がノンスリップなどの機能を同時に解決するよう考えている。華奢に見えてびくともしない階段である。

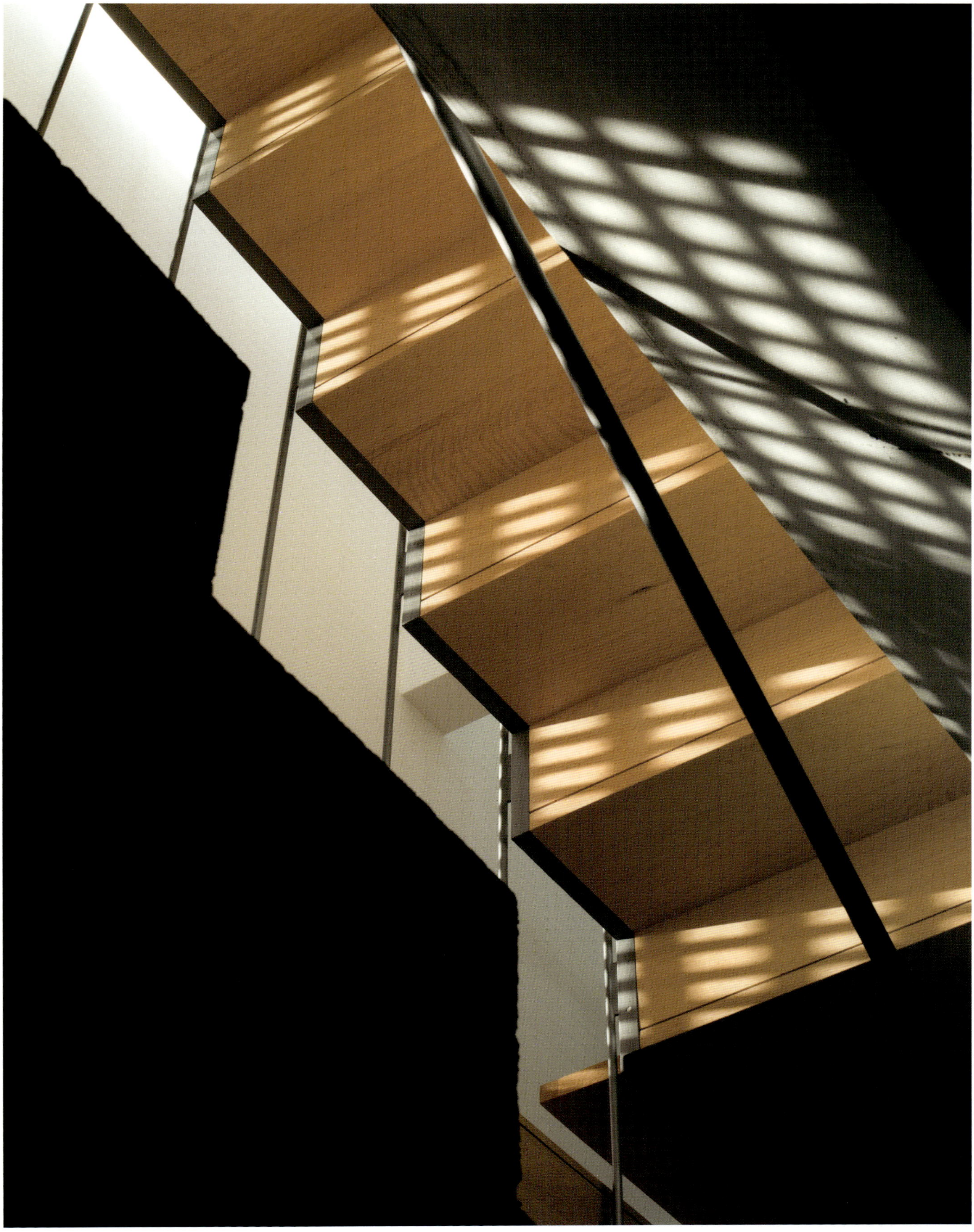

建主と見出したイメージはBarn（納屋）であった。

「白」とは無限に光を反映する色だと思う。

内部の機能を素直に表すということは、勇気のいることだ。

建築のコーナーは建築家の試金石のようなものだと思う。

あたたかな灯りが街並みを豊かにする。住宅のもつ社会性のひとつである。

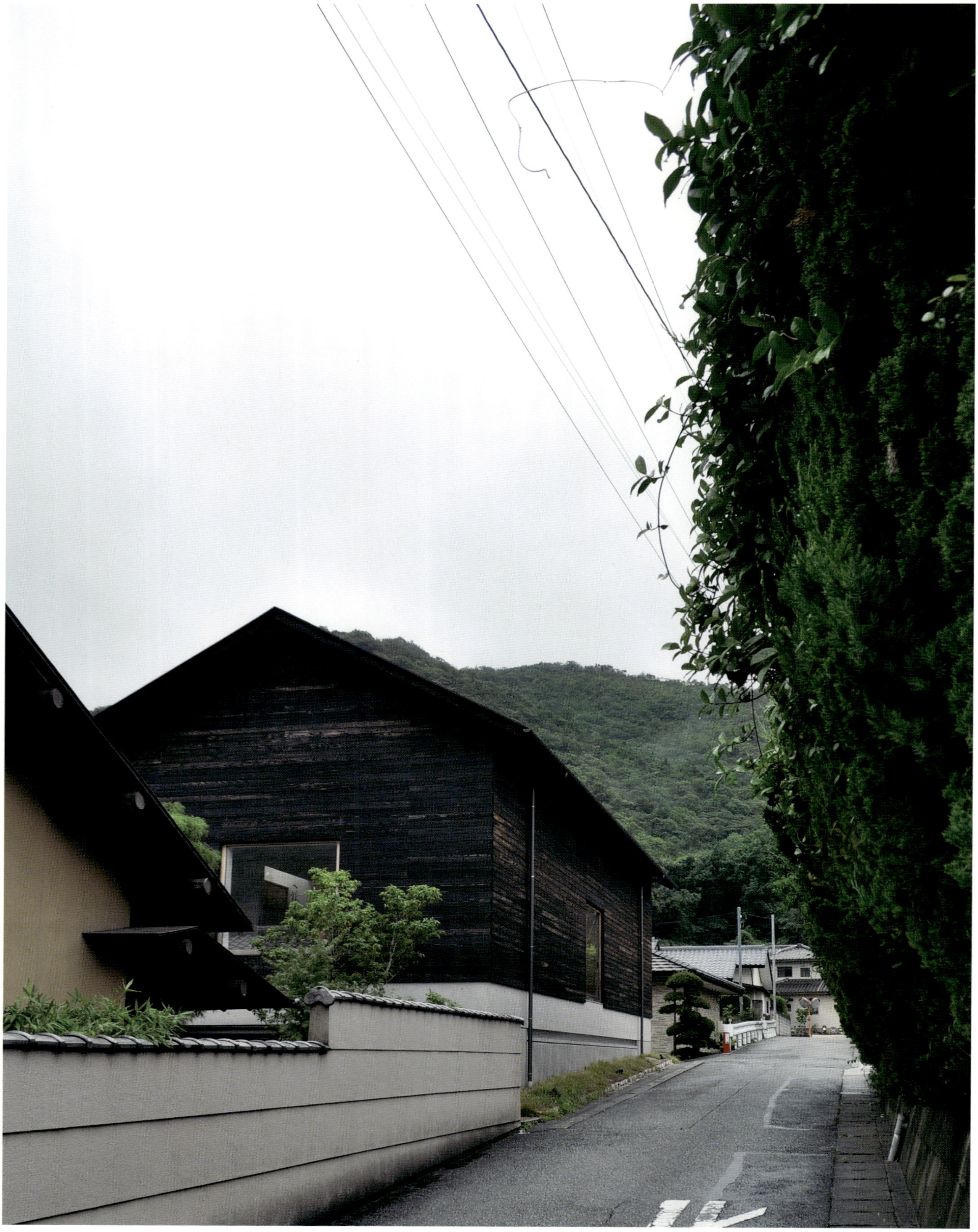

いつの頃からか車窓から見える穏やかな山並みに憧れをもっていた。

図
面

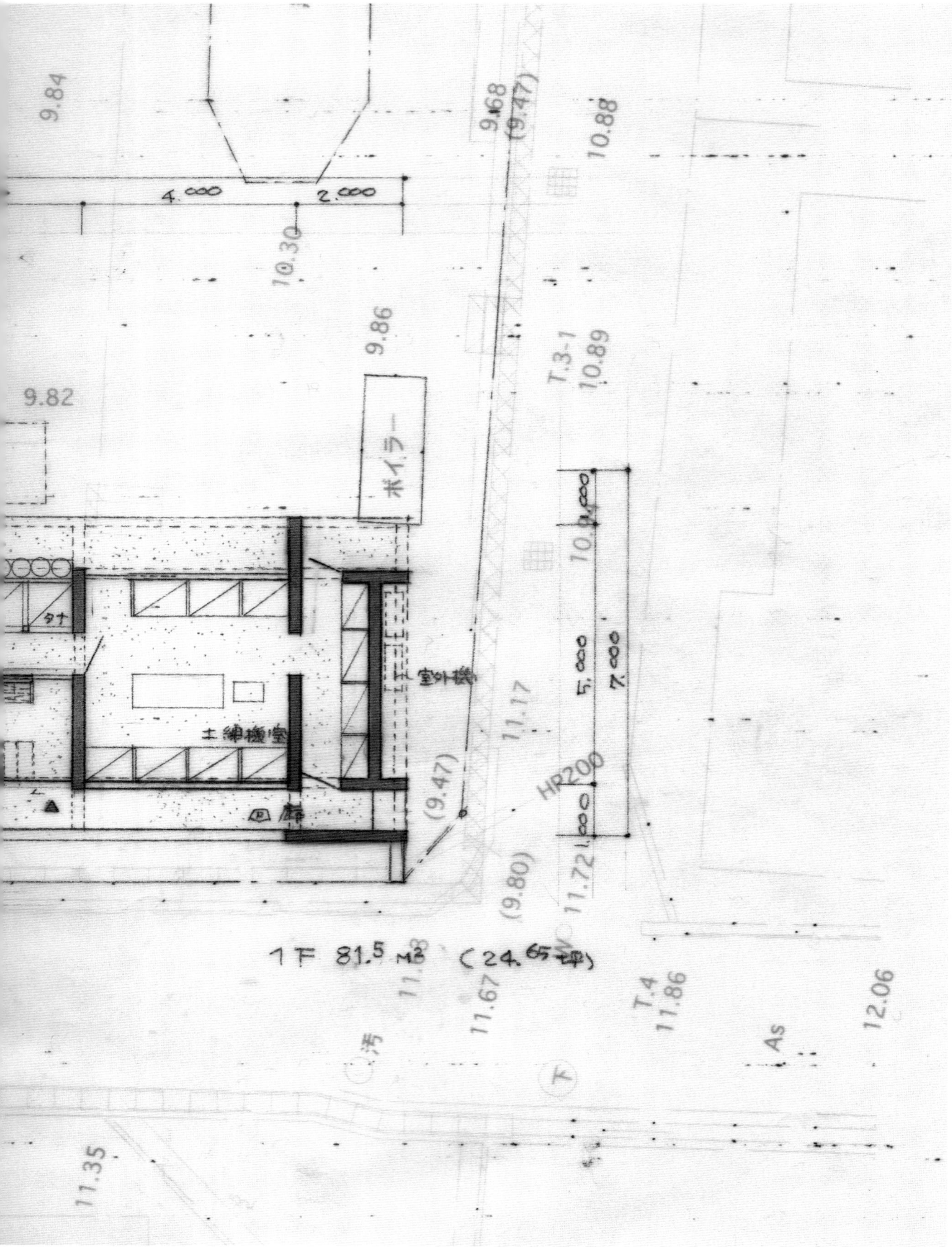
9.84
4.000
2.000
10.30
9.68
(9.47)
10.88
9.86
T.3-1
10.89
9.82
ボイラー
タナ
室外機
5,000
7,000
1,000
11.17
HR200
(9.47)
(9.80)
11.72
1F 81.5 m² (24.65坪)
11.67
T.4
11.86
12.06
As
11.35

1階平面図 1/100

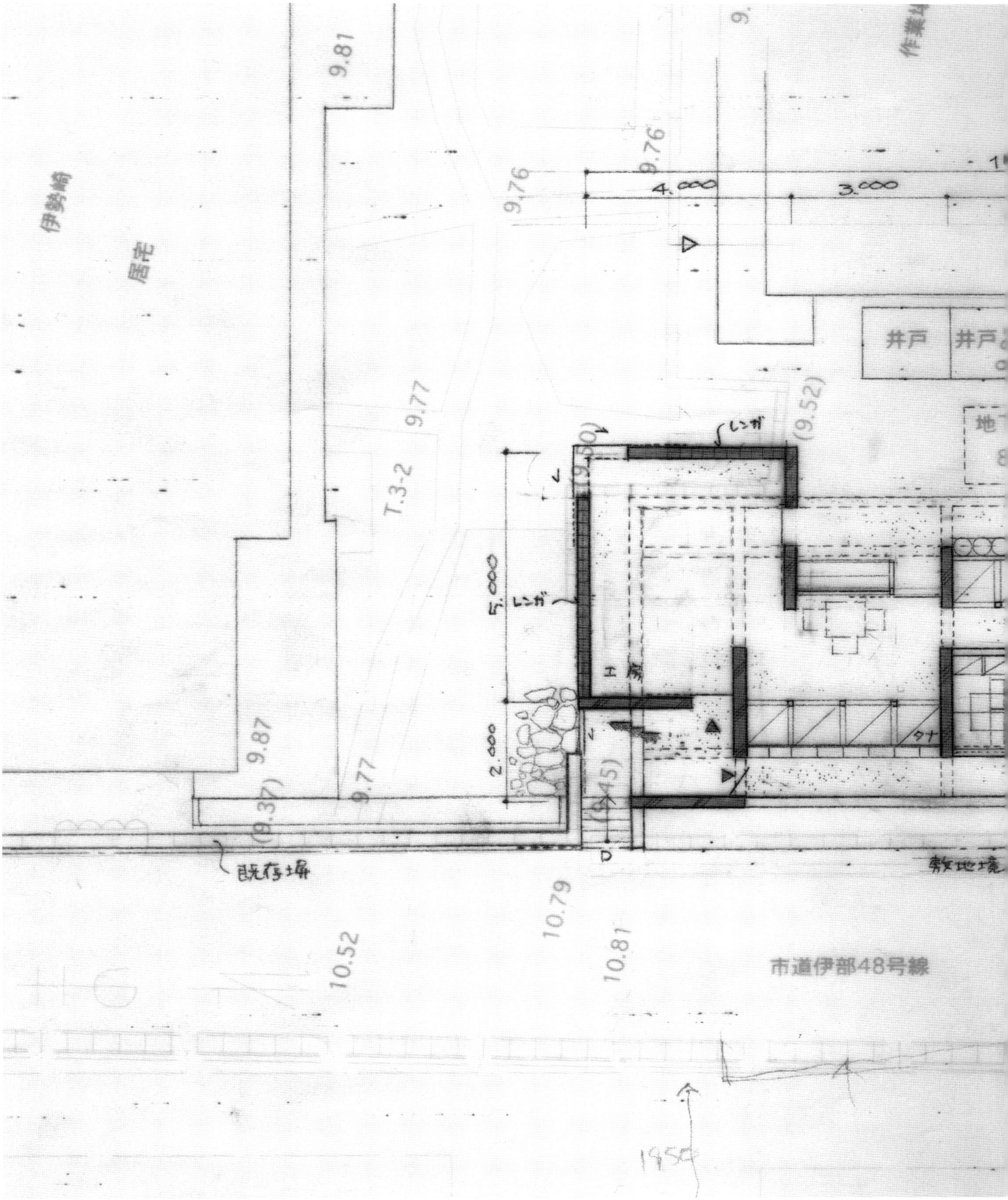

基本設計図である。この時点ではメートルグリッドであった。工房が基準のグリッドからオフセットしている。その後、「母屋からの離隔距離をとってほしい」ということから、955のグリッドに変更した。入口は西側道路から入れるように新設したことで、敷地全体に活気が出た。

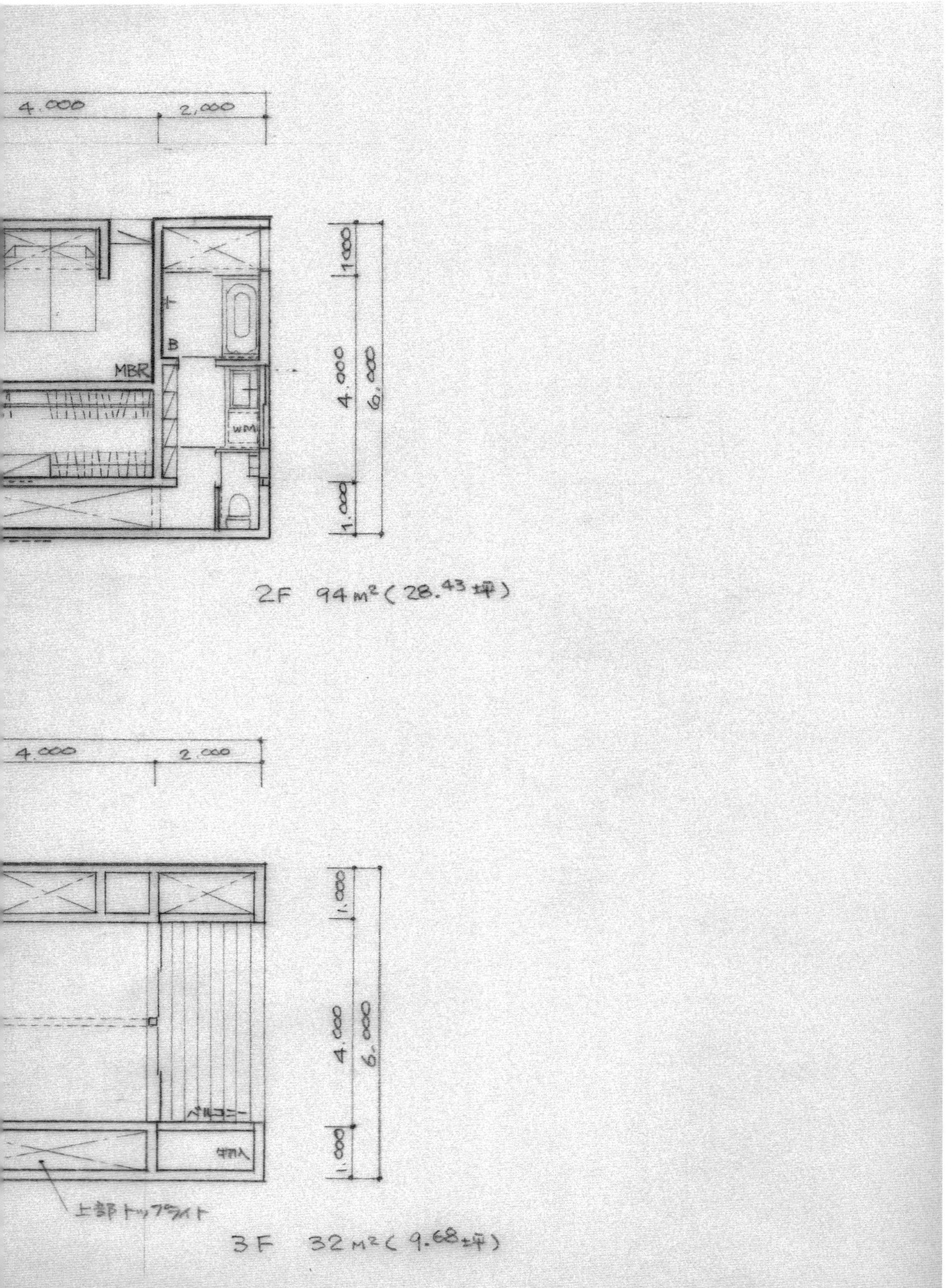
4.000
2,000
1,000
4,000
6,000
1,000
MBR
B
WM
2F 94m²(28.43坪)
4.000
2.000
1,000
4,000
6,000
1,000
バルコニー
物入
上部トップライト
3F 32m²(9.68坪)

2·3階平面図 1/100

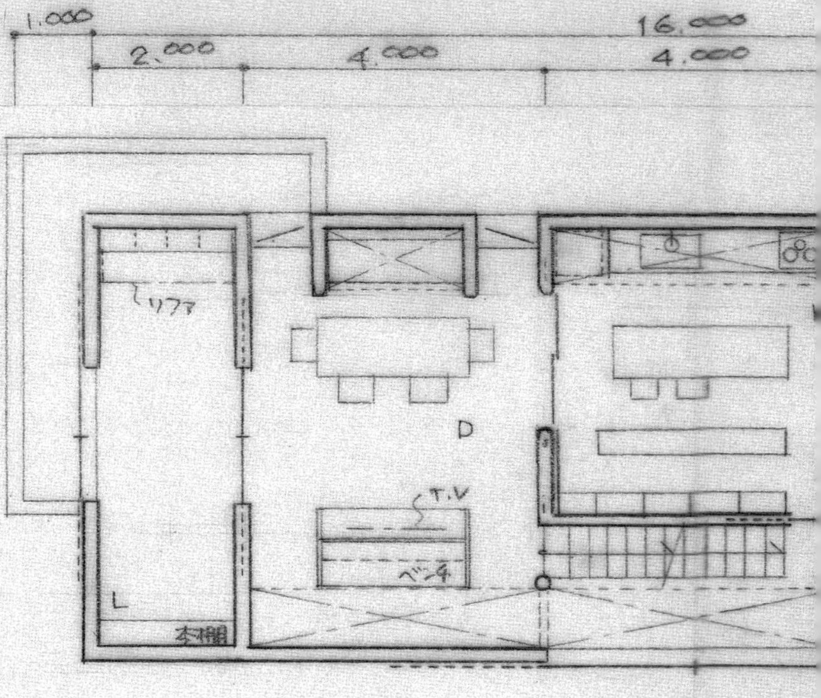
1,000
16,000
2,000
4,000
4,000
ソファ
D
T.V
ベンチ
L
本棚

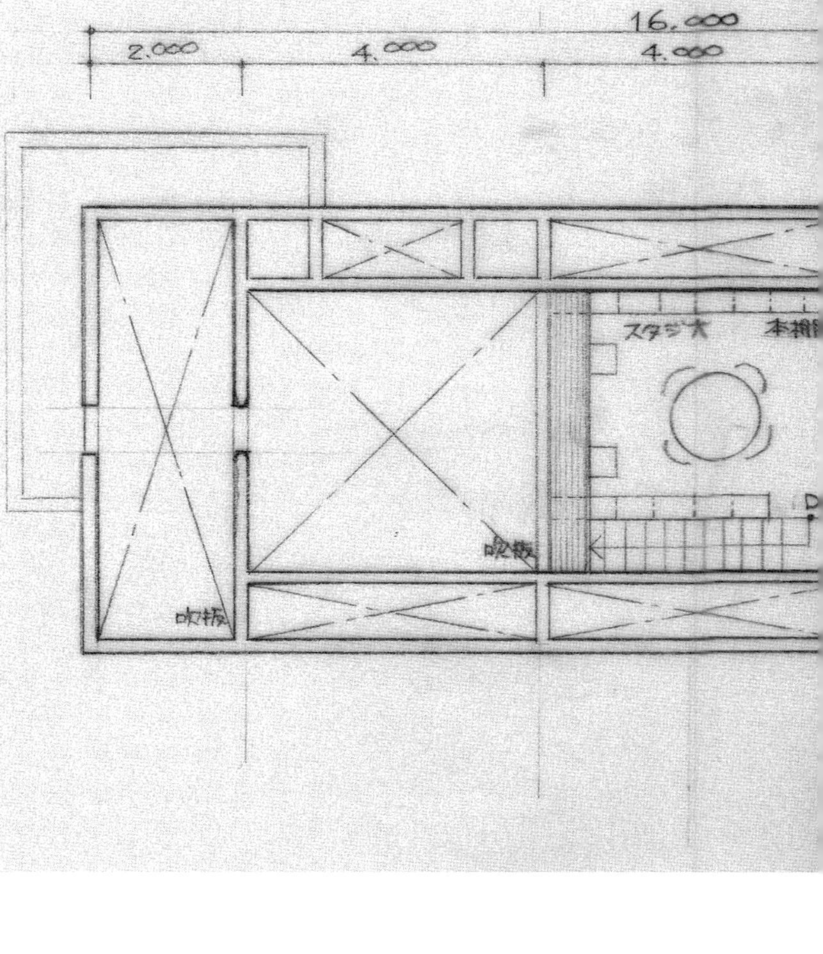
16,000
2,000
4,000
4,000
スタジオ
本棚
D
吹抜
吹抜

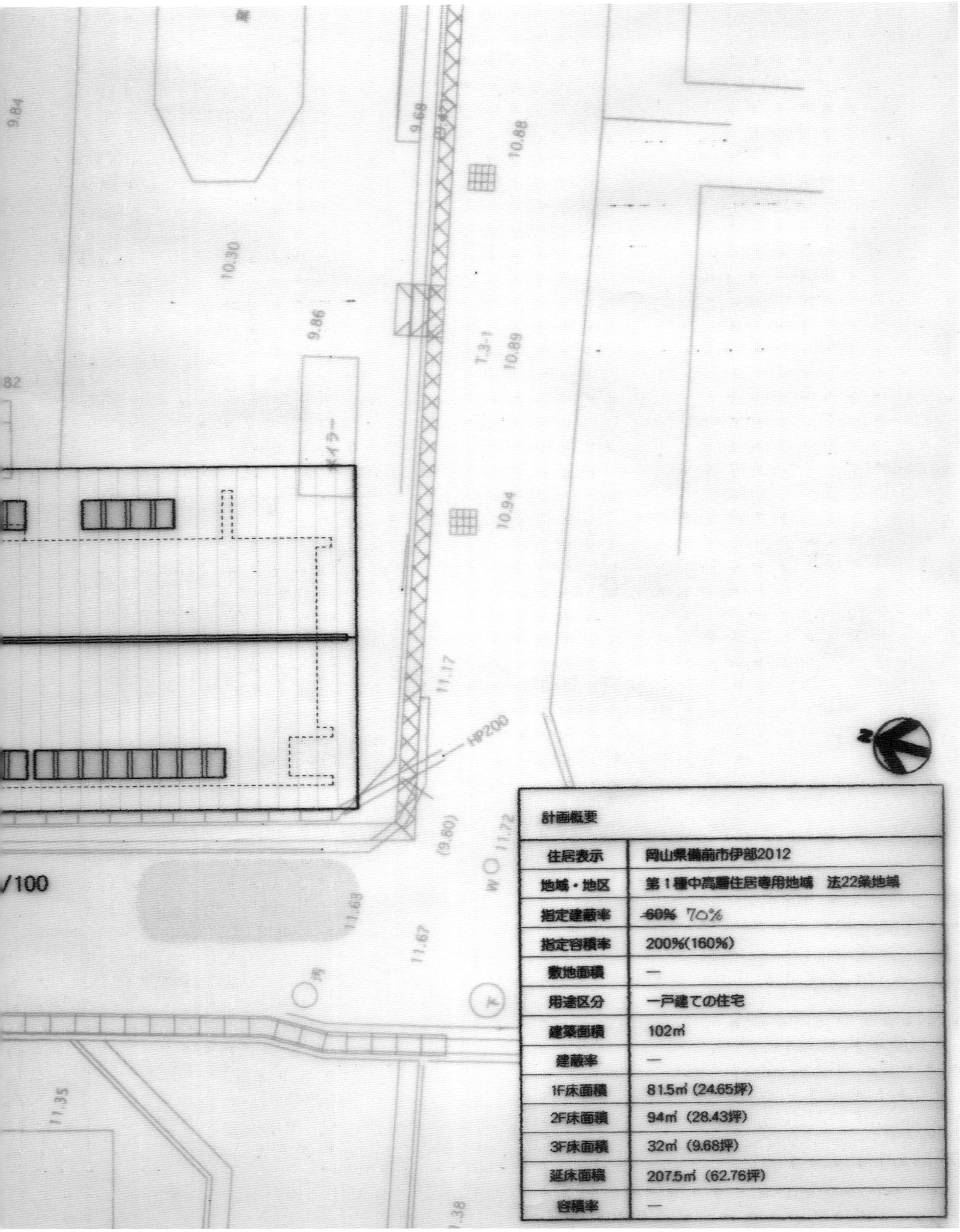

計画概要	
住居表示	岡山県備前市伊部2012
地域・地区	第1種中高層住居専用地域　法22条地域
指定建蔽率	~~60%~~ 70%
指定容積率	200%(160%)
敷地面積	—
用途区分	一戸建ての住宅
建築面積	102㎡
建蔽率	—
1F床面積	81.5㎡ (24.65坪)
2F床面積	94㎡ (28.43坪)
3F床面積	32㎡ (9.68坪)
延床面積	207.5㎡ (62.76坪)
容積率	—

屋根伏図　1/100

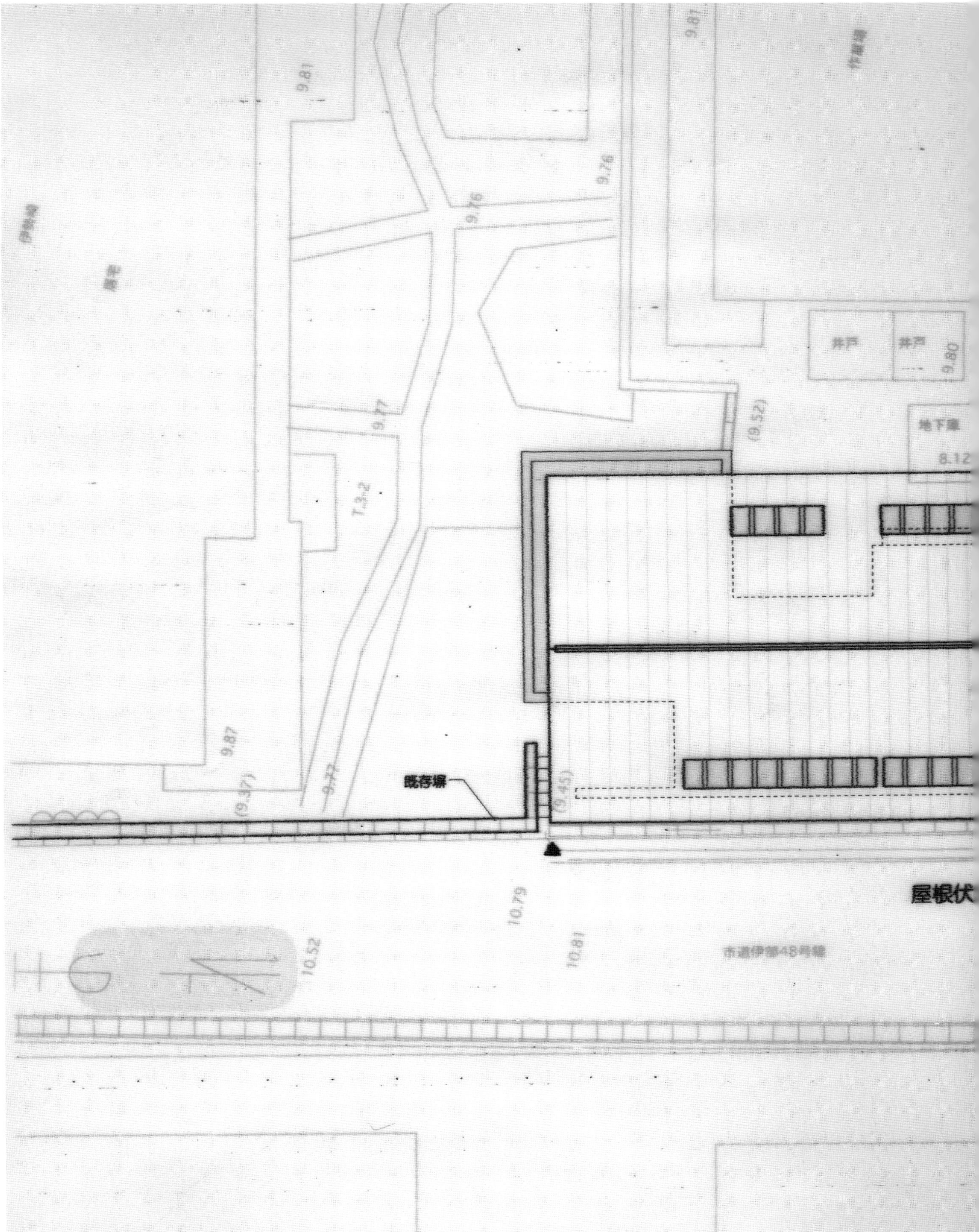
9.81
9.81
9.76
9.76
井戸
井戸
9.80
(9.52)
地下庫
8.12
9.77
T.3-2
9.87
(9.37)
9.72
既存塀
(9.45)
屋根伏
10.79
10.52
10.81
市道伊部48号線

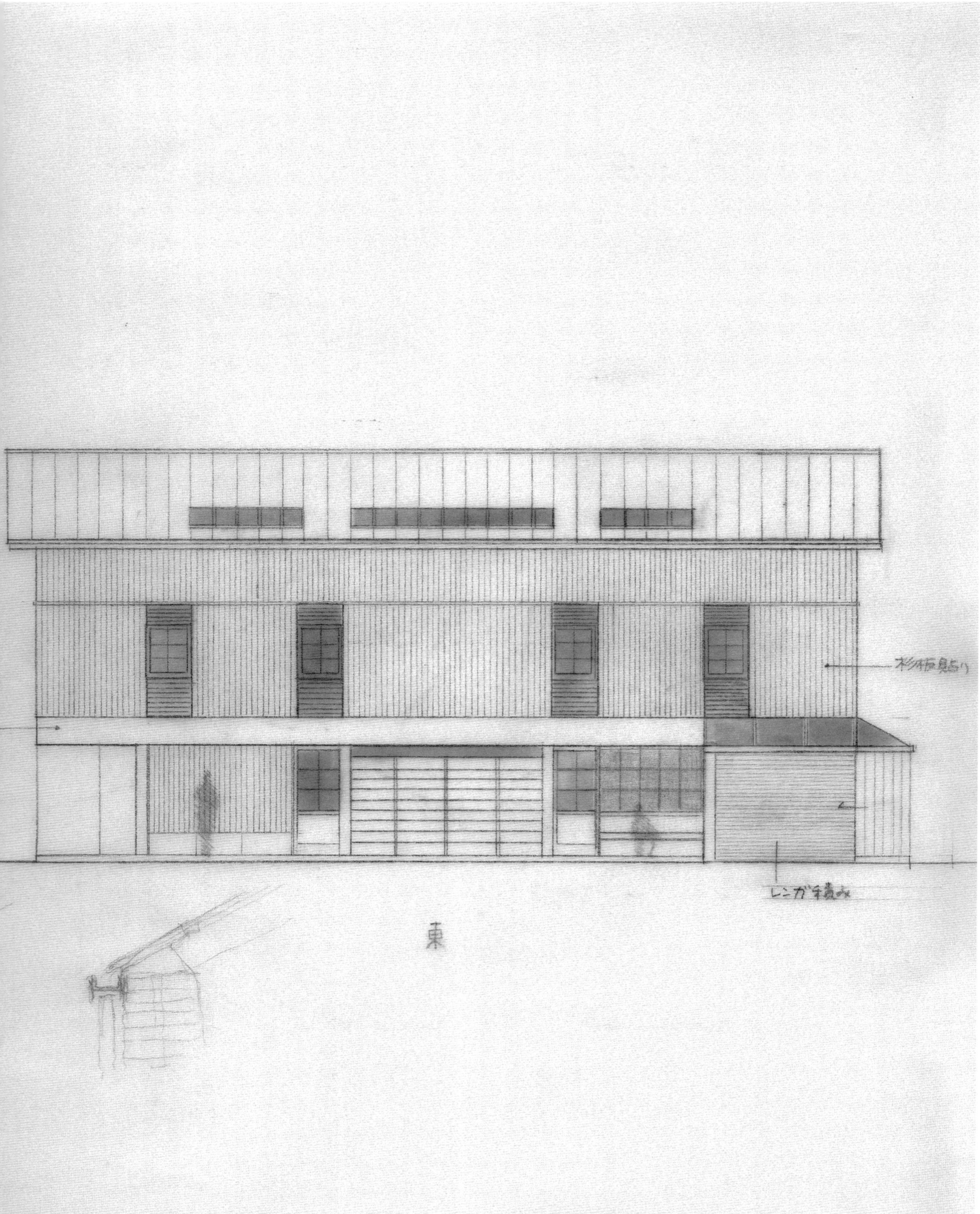

立面図1　1/100

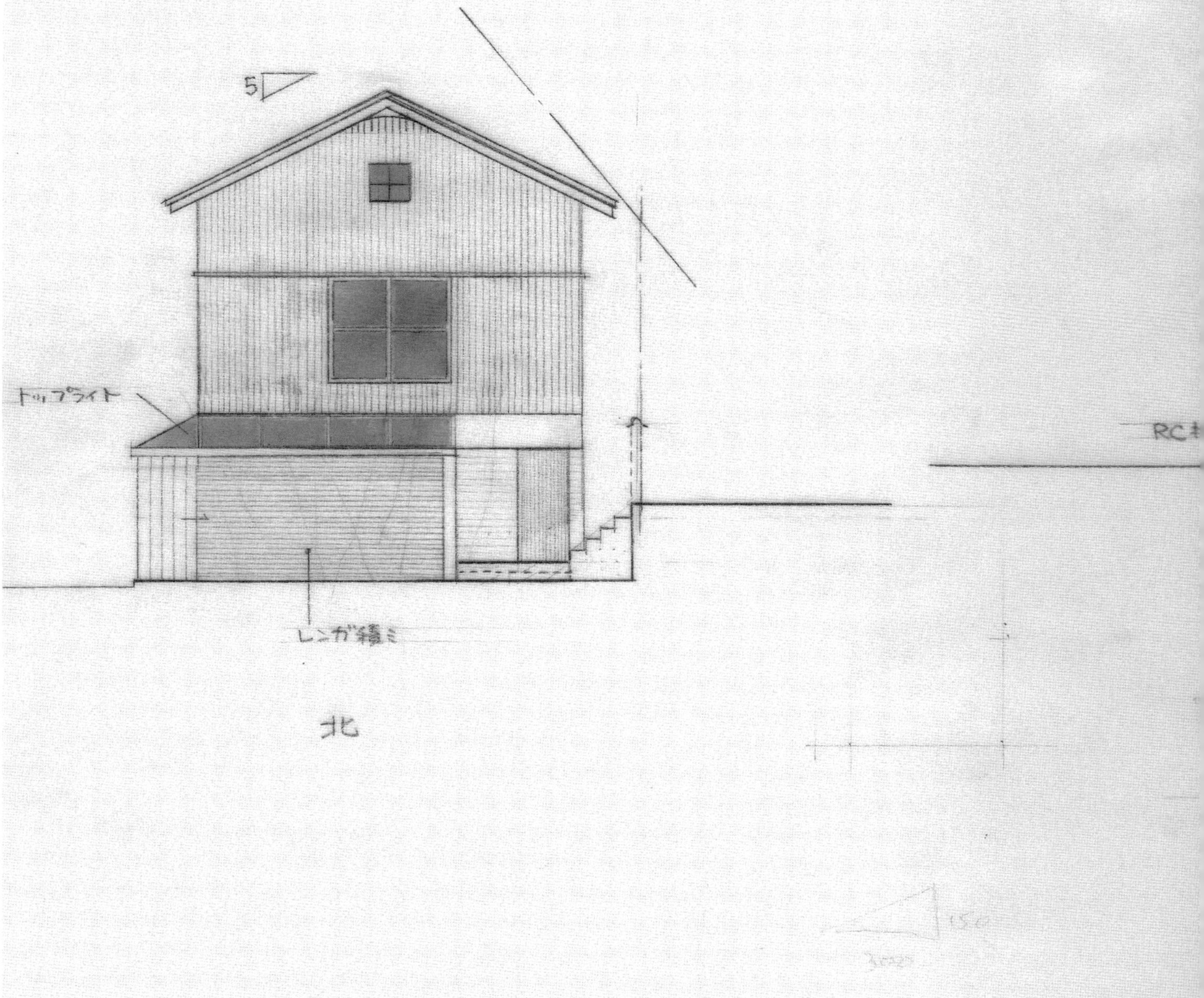
5
トップライト
RC
レンガ積ミ
北
150

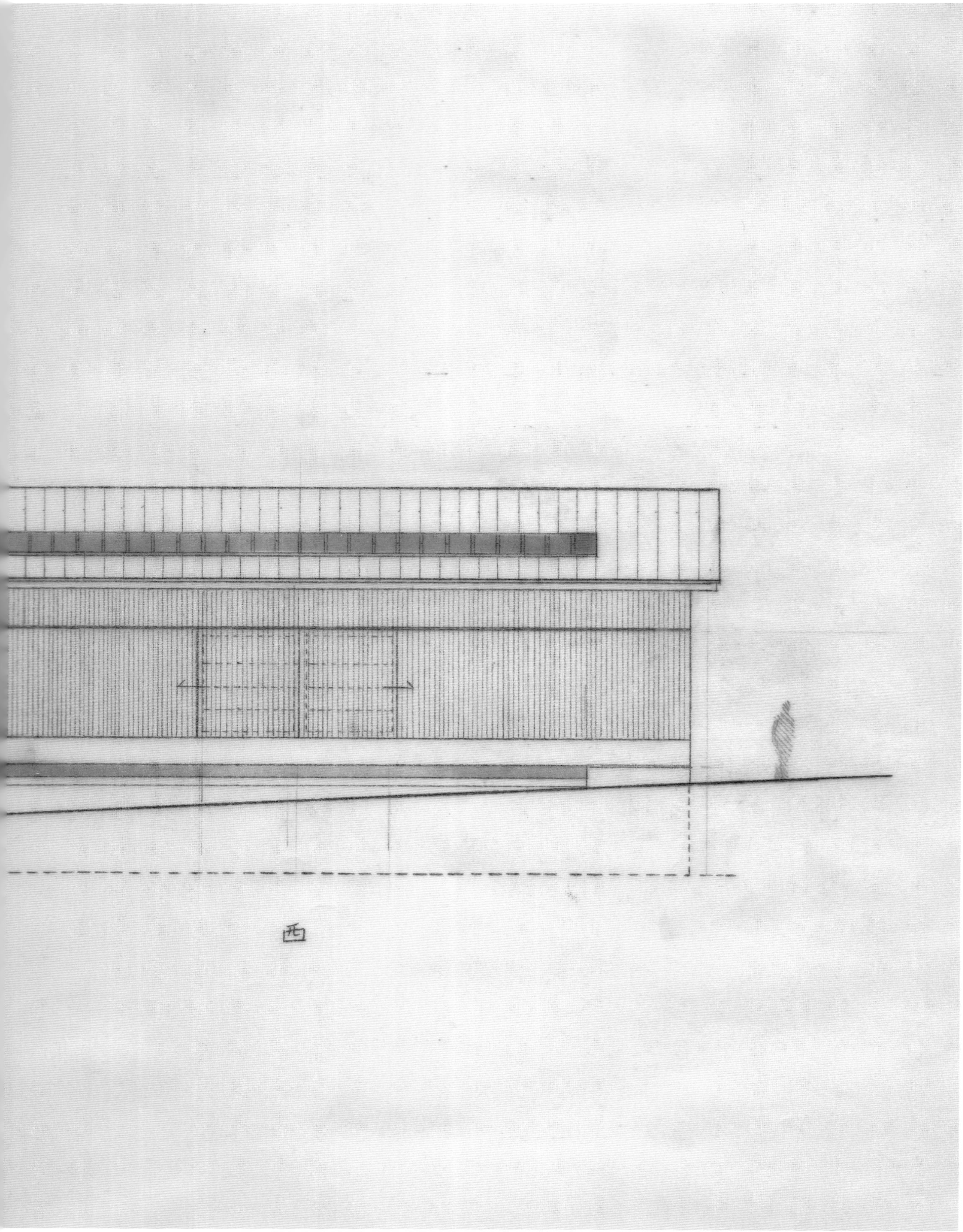

立面図2　1/100

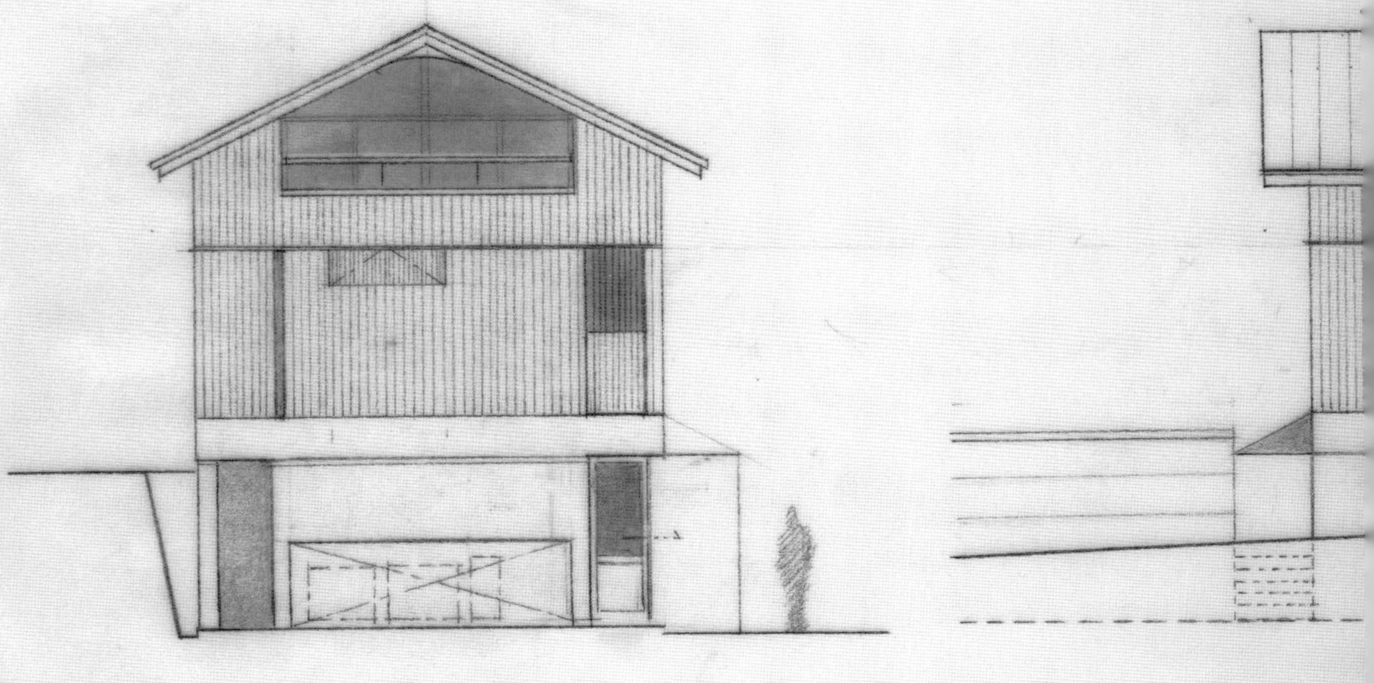

南

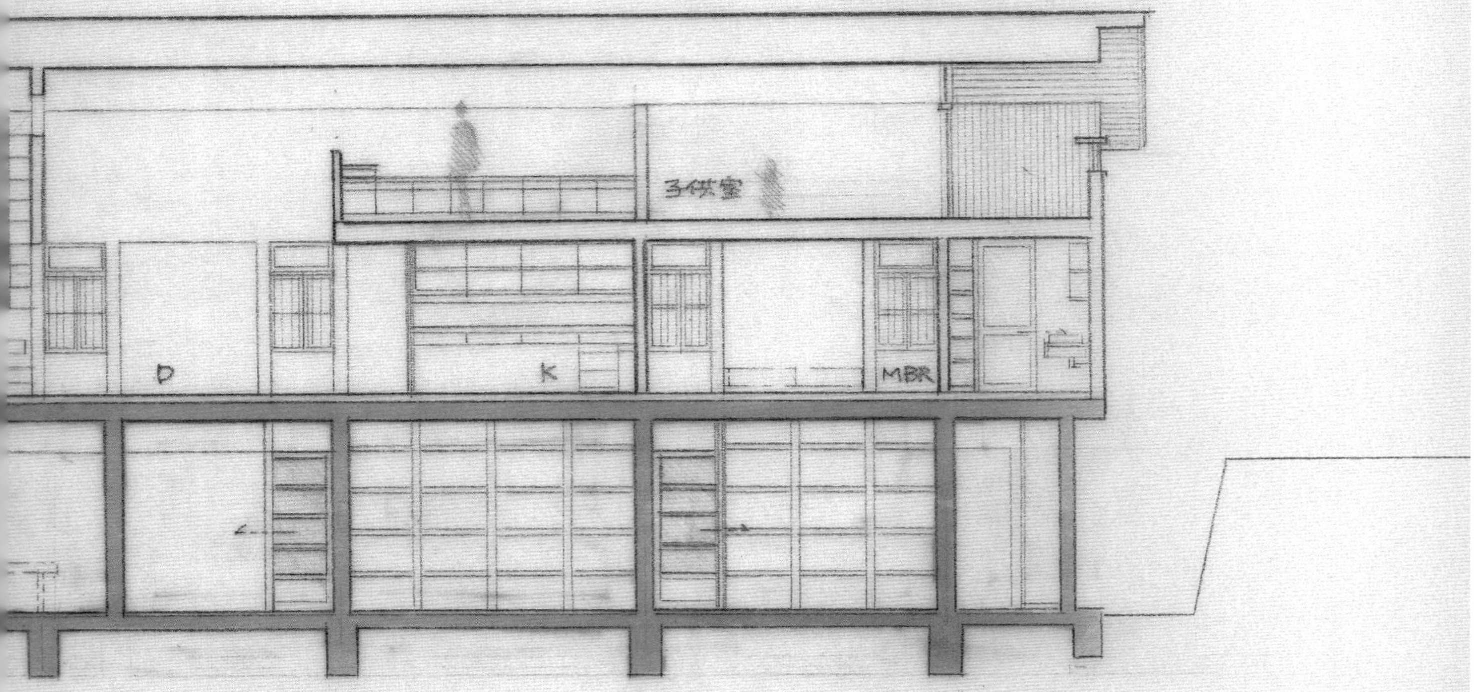

断面図 1/100

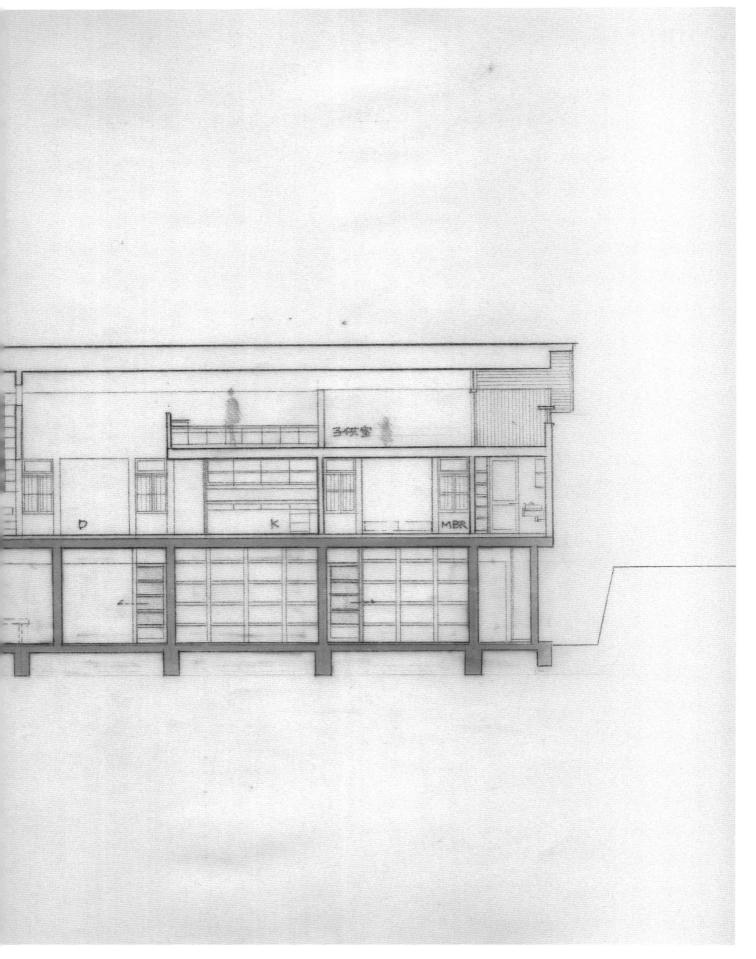

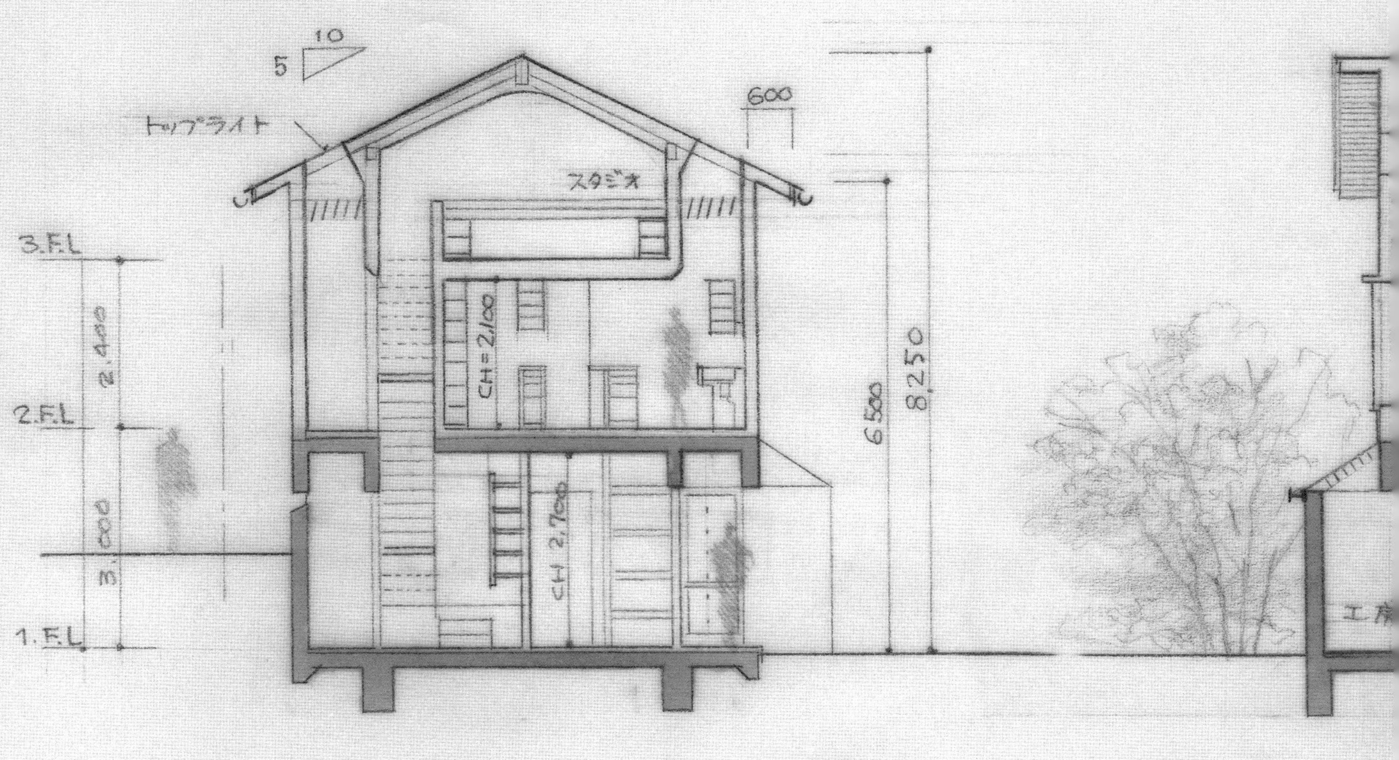
10
5
トップライト
600
スタジオ
3.F.L
2,400
CH=2,100
6500
8250
2.F.L
3,000
CH 2,700
1.F.L

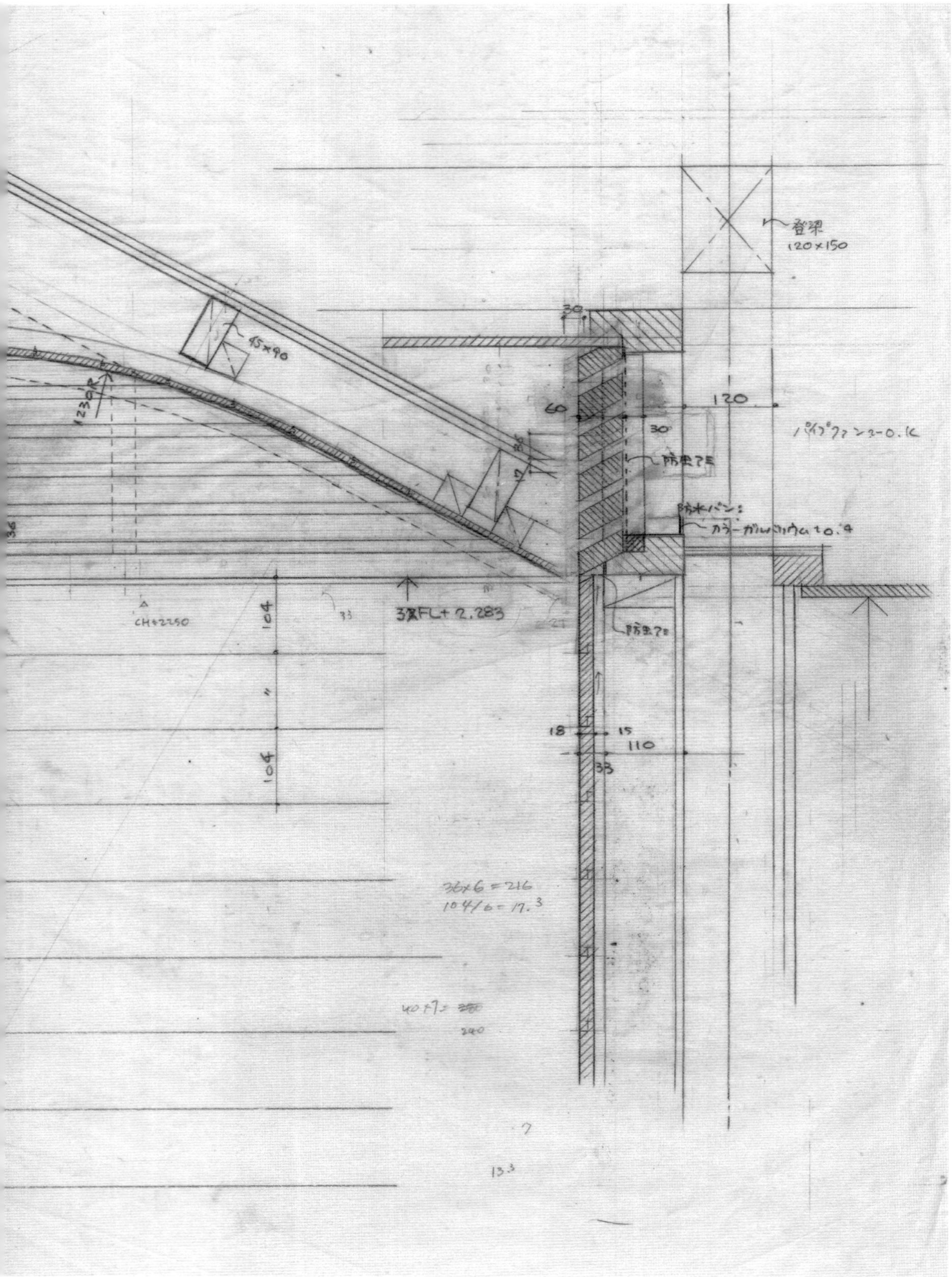

登梁
120×150
45×90
30
60
120
30
防虫アミ
防水パン：
カラーガルバリウム t0.4
CH+2250
104
104
防虫アミ
18
15
110
33
36×6=216
104/6=17.3

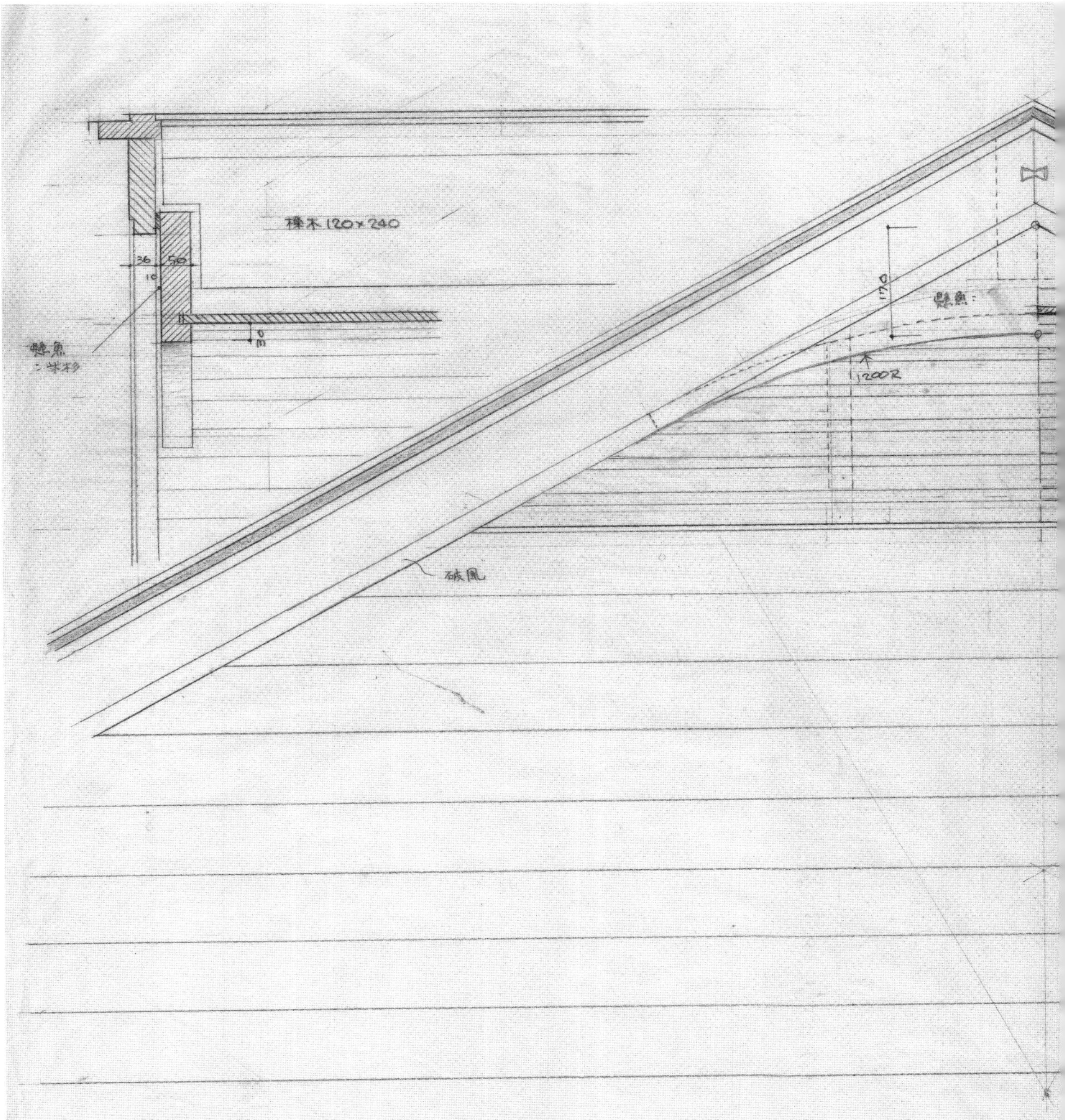

屋根・ケラバ部の検討図である。破風のジョイントが開かないように懸魚《けぎょ》を付けた。破風下の木格子は天井裏の排気口である。防鳥金網を内側に張っている。

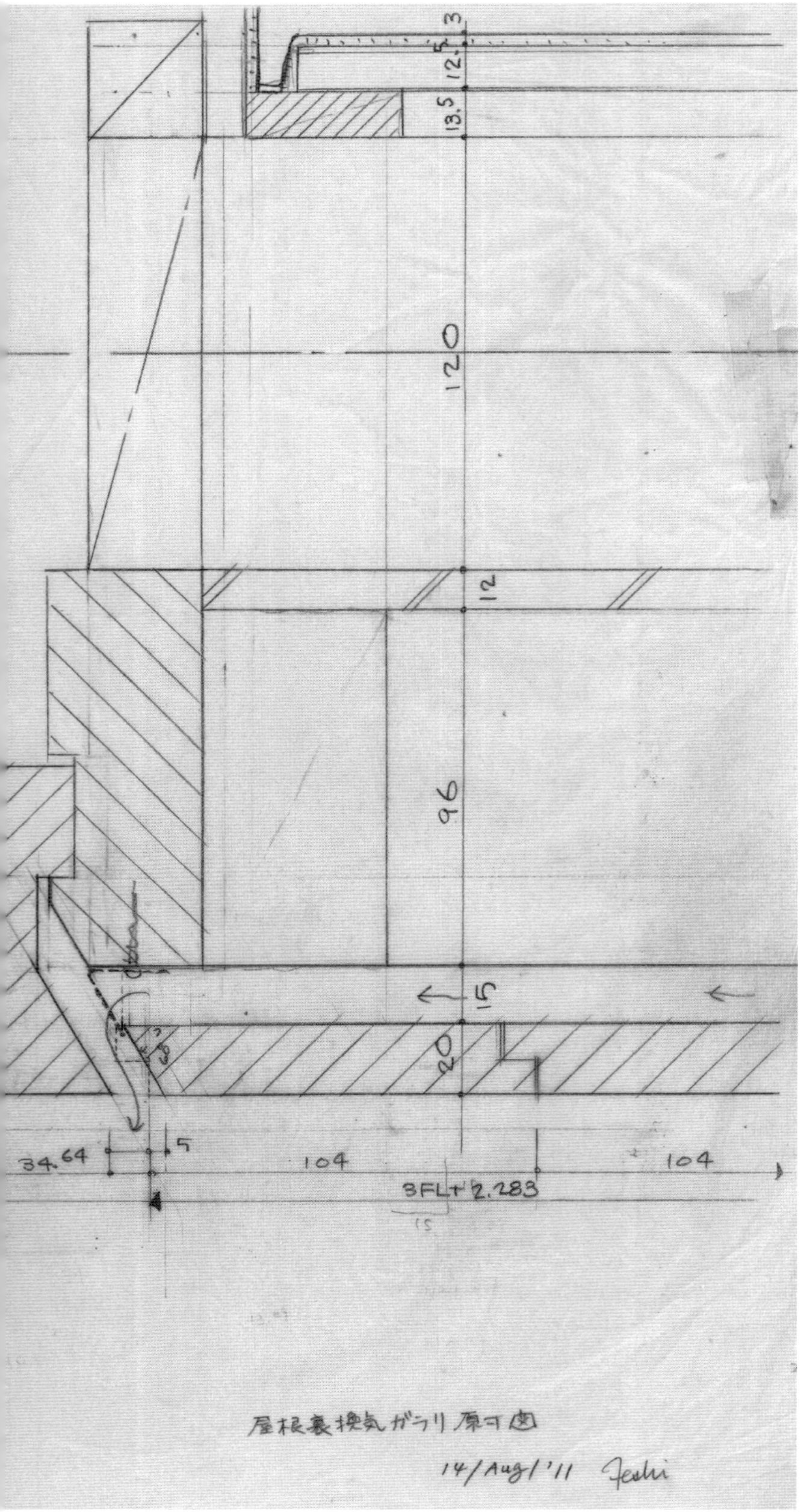
3
12.5
13.5
120
12
96
15
20
34.64
5
104
104
3FL+2.283
屋根裏換気ガラリ原寸図
14/Aug/'11

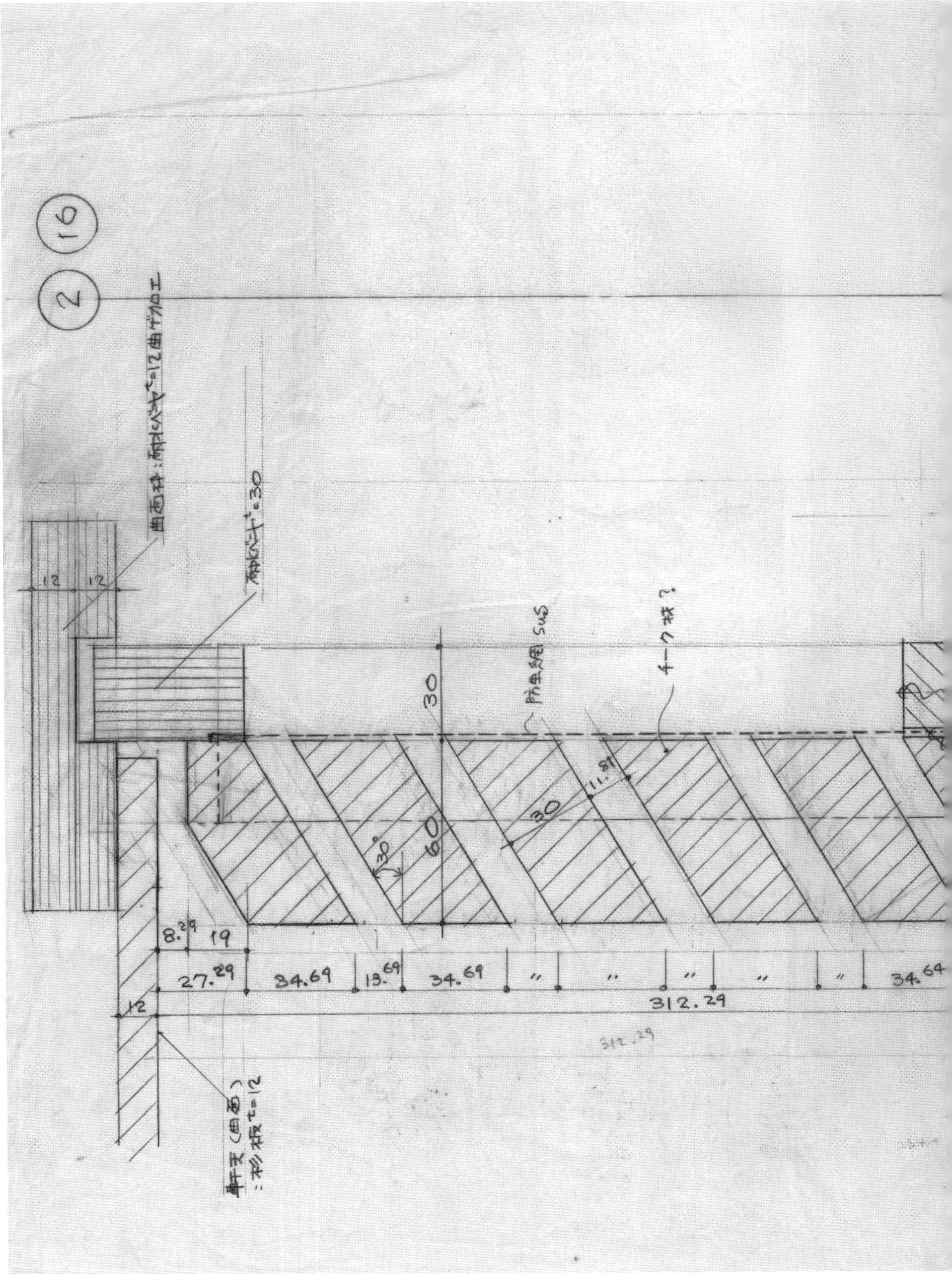

屋根裏のガラリ原寸図である。寸法の決まっているものは割付を行い、各部の寸法を決めていく。

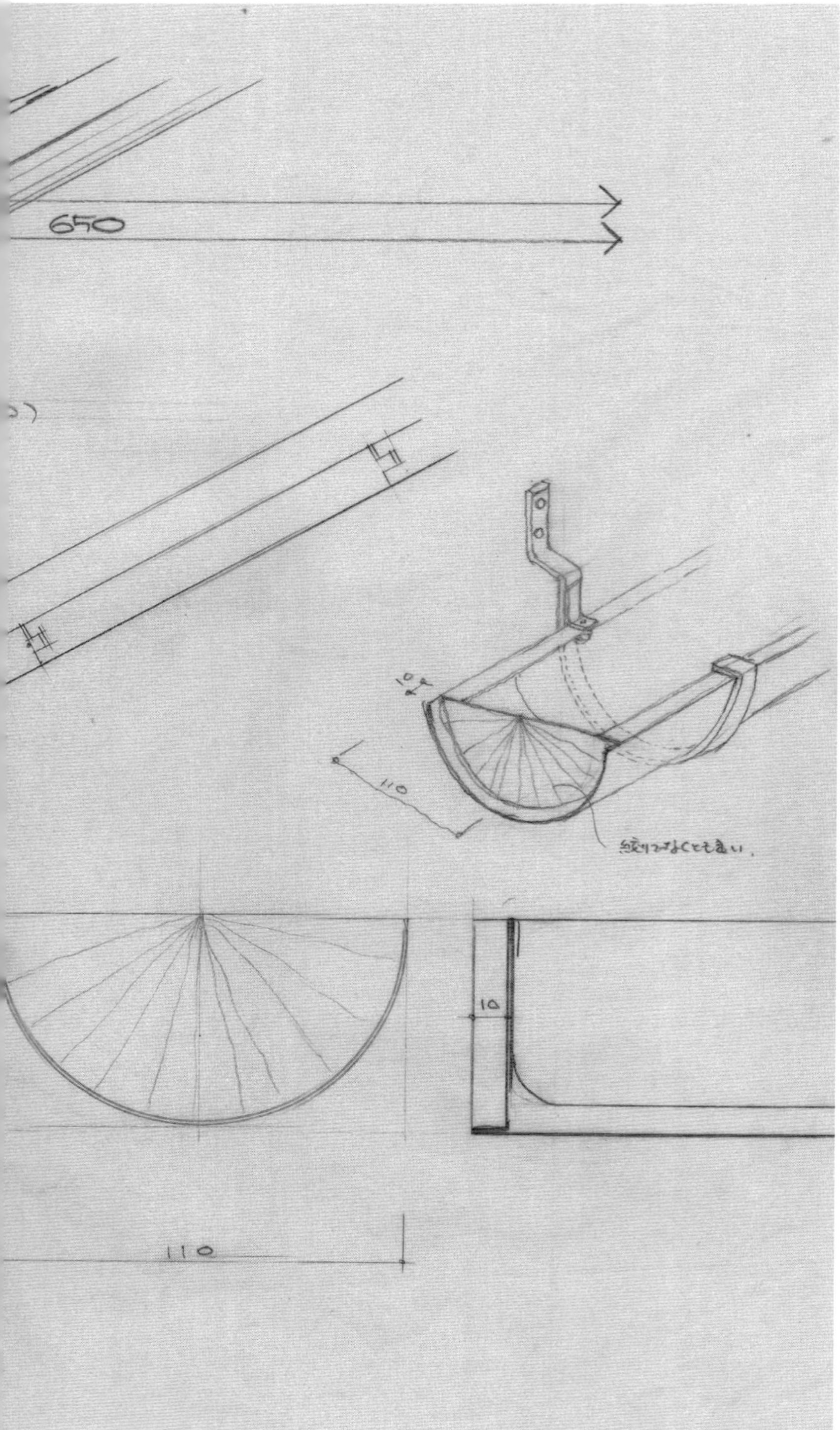
650
10
110
絞りがなくても良い.
10
110

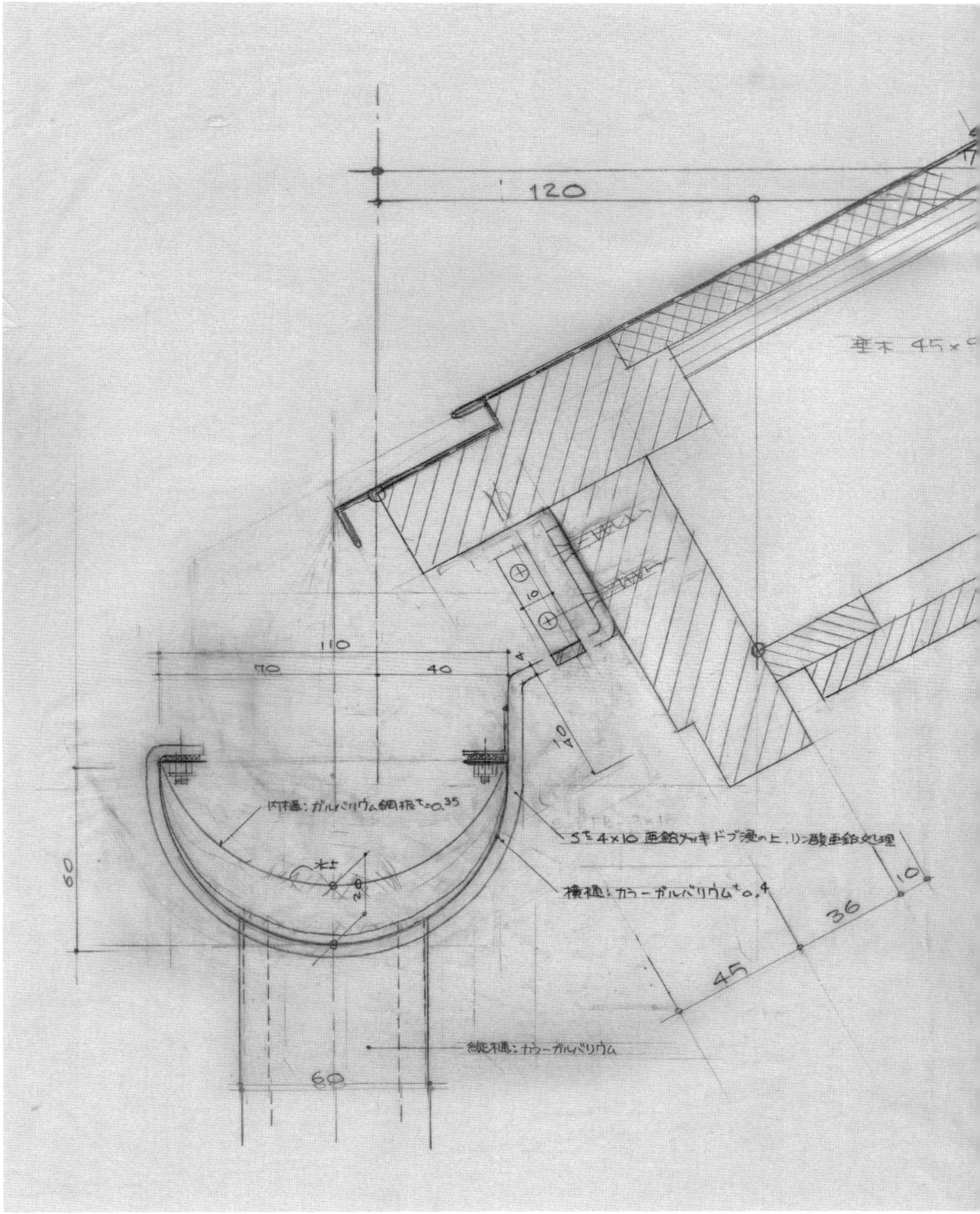

樋の吊り金物を特注しようと描いた検討図。樋の端部は絞りにしようとしていた。よい既製品はありがたいものだが、設計者が場所の微妙な差異に鈍感になり、コーディネーター化していくようでおもしろくない。

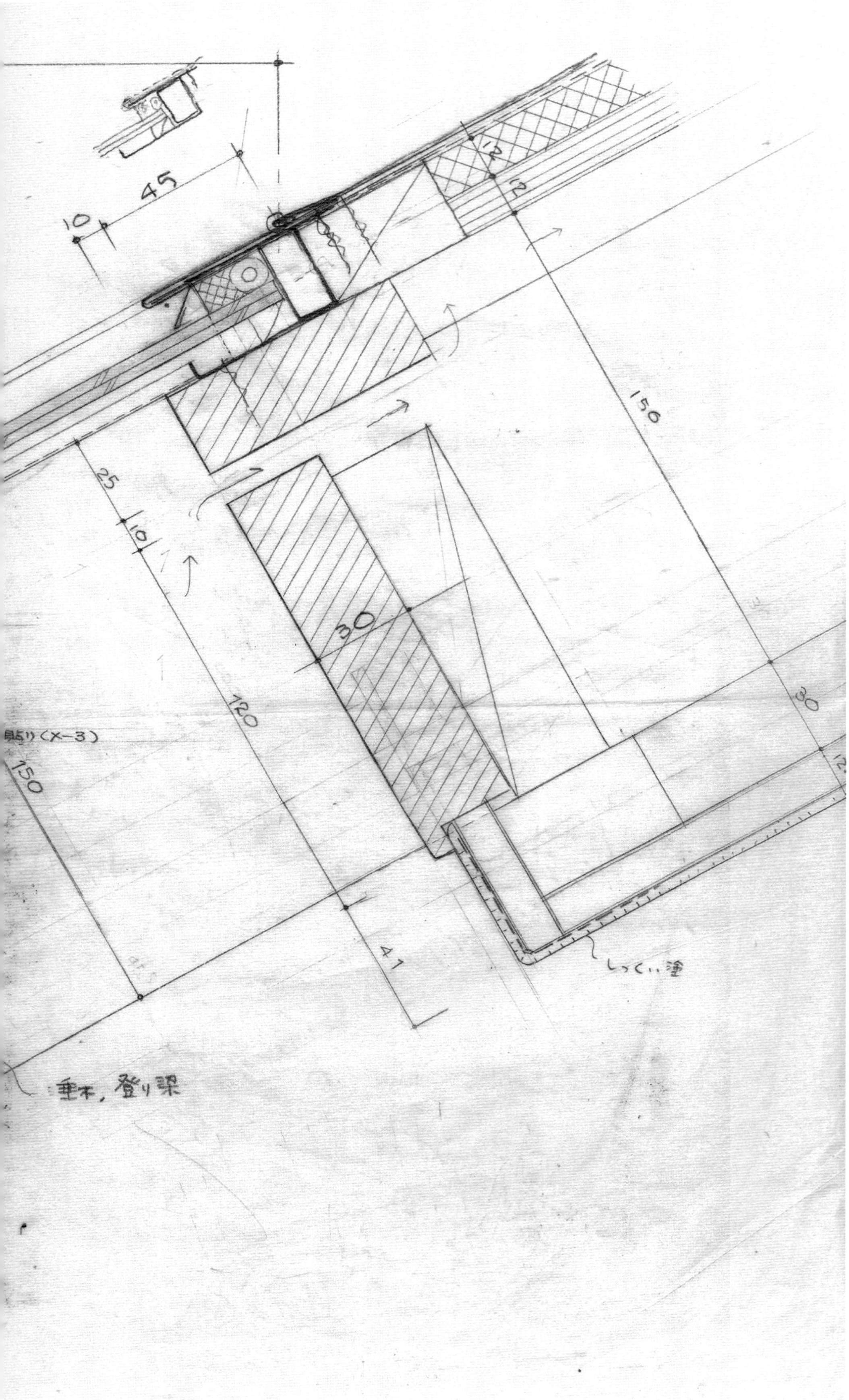
10
45
12
12
150
25
10
30
120
30
41
貼り(X−3)
150
しっくい塗
垂木，登り梁

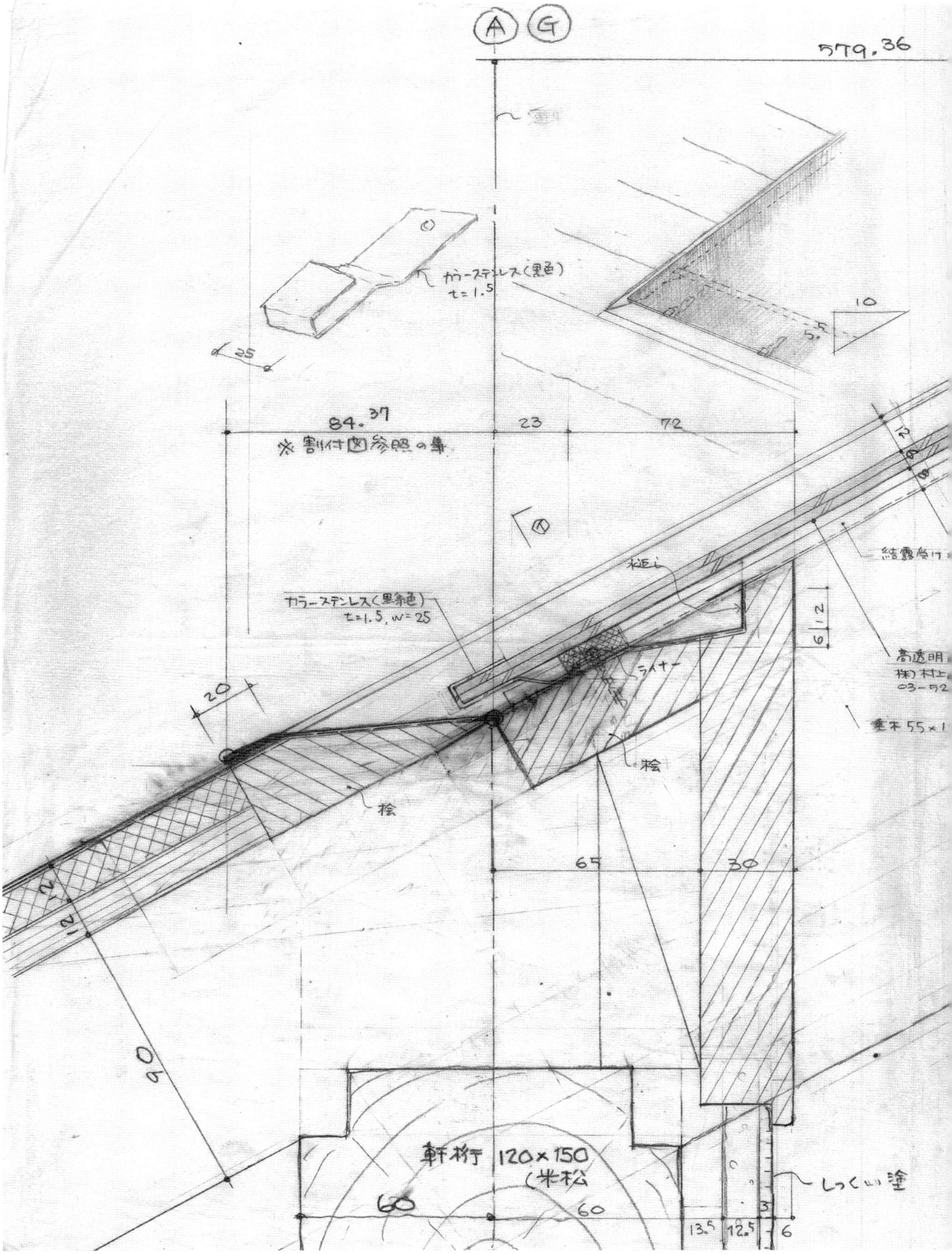

トップライトの原寸検討図。ガラス面を屋根面と面一にすることを考えた。結露受けのガーターを屋根材と共材にて製作した。温められ上昇した空気は、ガラス面をなめながら対流することで結露防止を期待している。

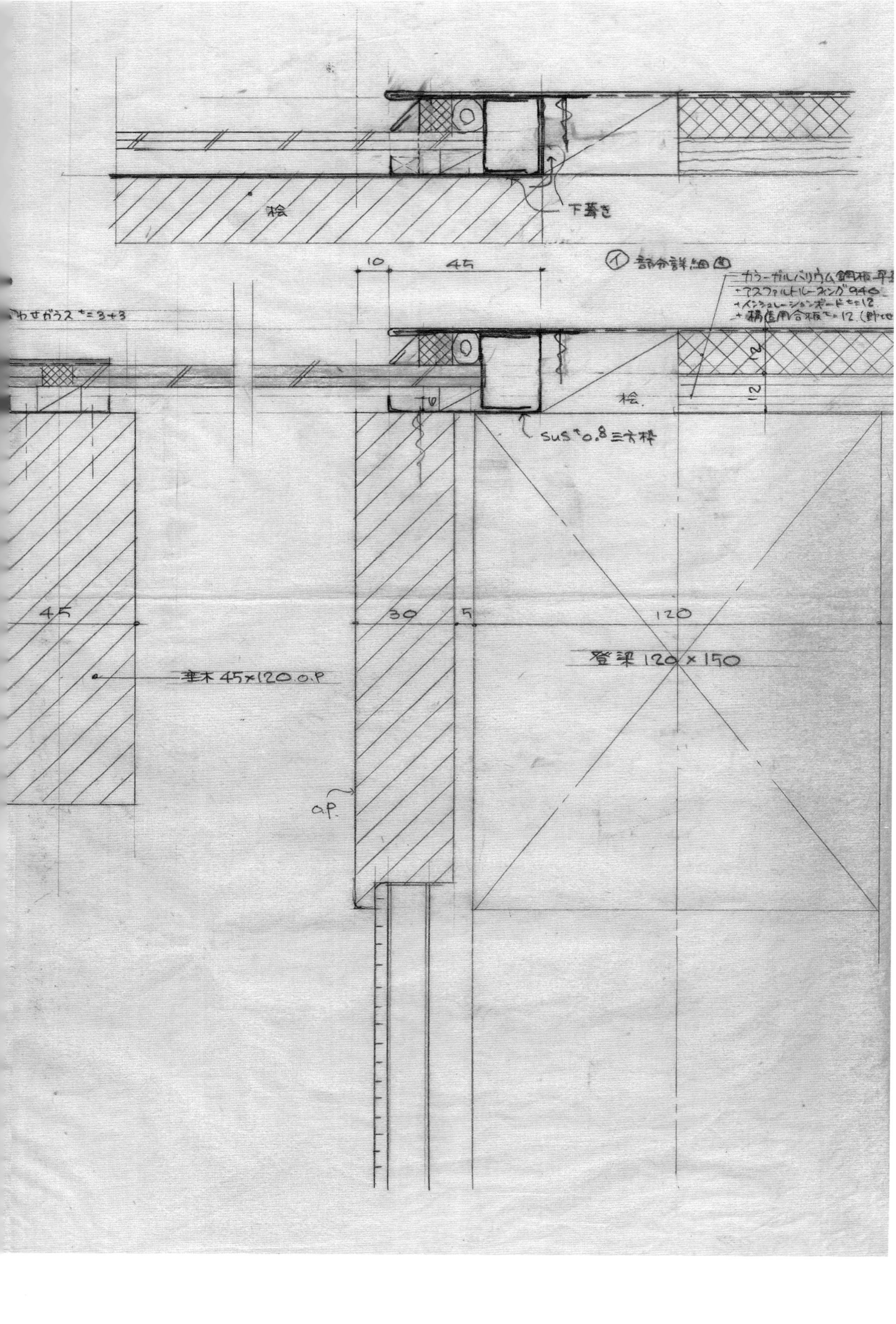

桧
下葺き
10
45
イ 部分詳細図
カラーガルバリウム鋼板 平
アスファルトルーフィング940
インシュレーションボードt=12
構造用合板t=12.
わせガラス t=3+3
12
12
桧
sus t0.8 三方枠
45
30
5
120
垂木45×120 O.P
登梁120×150
O.P.

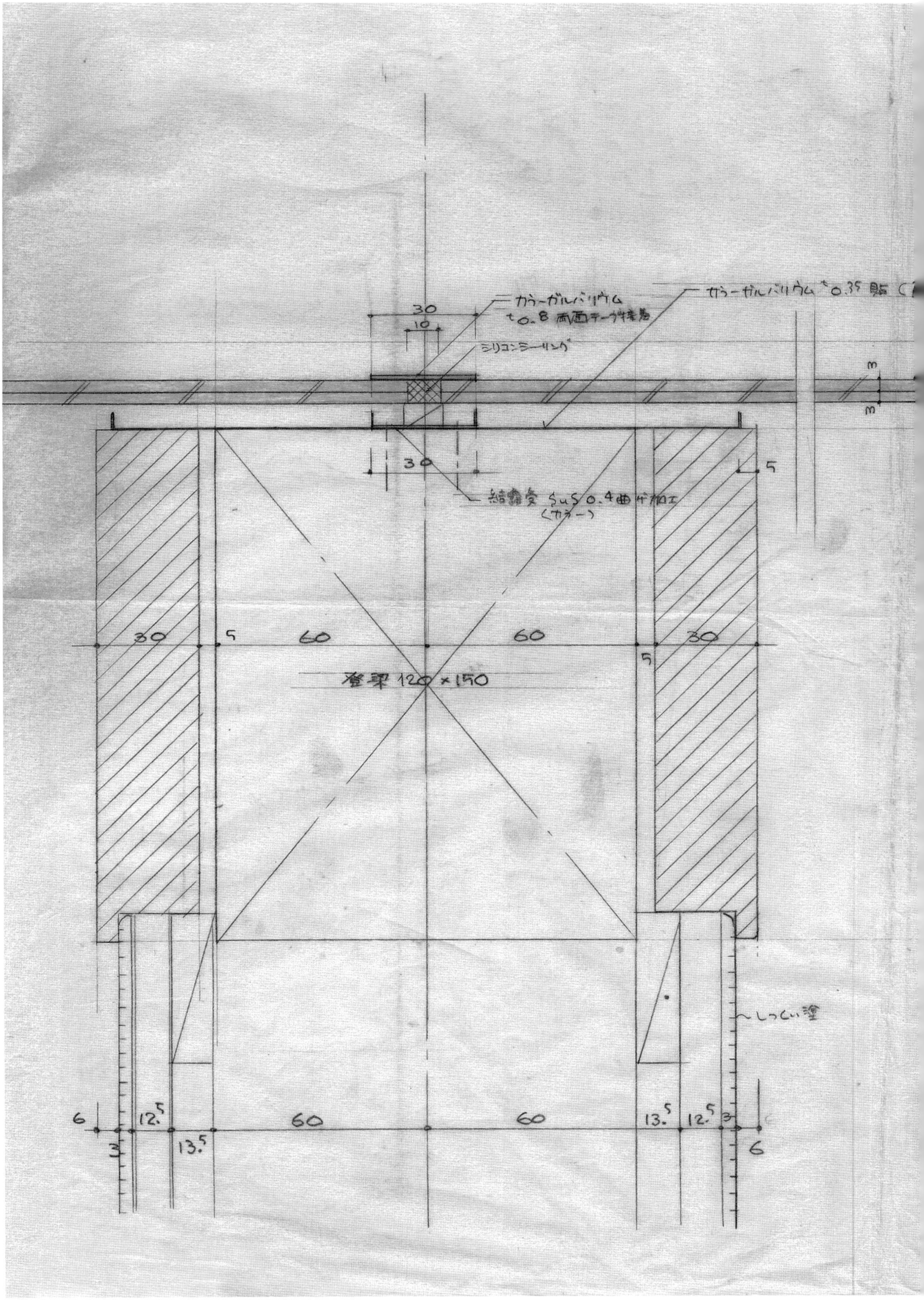
カラーガルバリウム
t0.8 両面テープ接着
シリコンシーリング
カラーガルバリウム t0.35 貼
結露受 SUS 0.4曲げ加工
(カラー)
登梁 120×150
しっくい塗
30
10
30
5
30 5 60 60 5 30
6 3 12.5 13.5 60 60 13.5 12.5 3 6

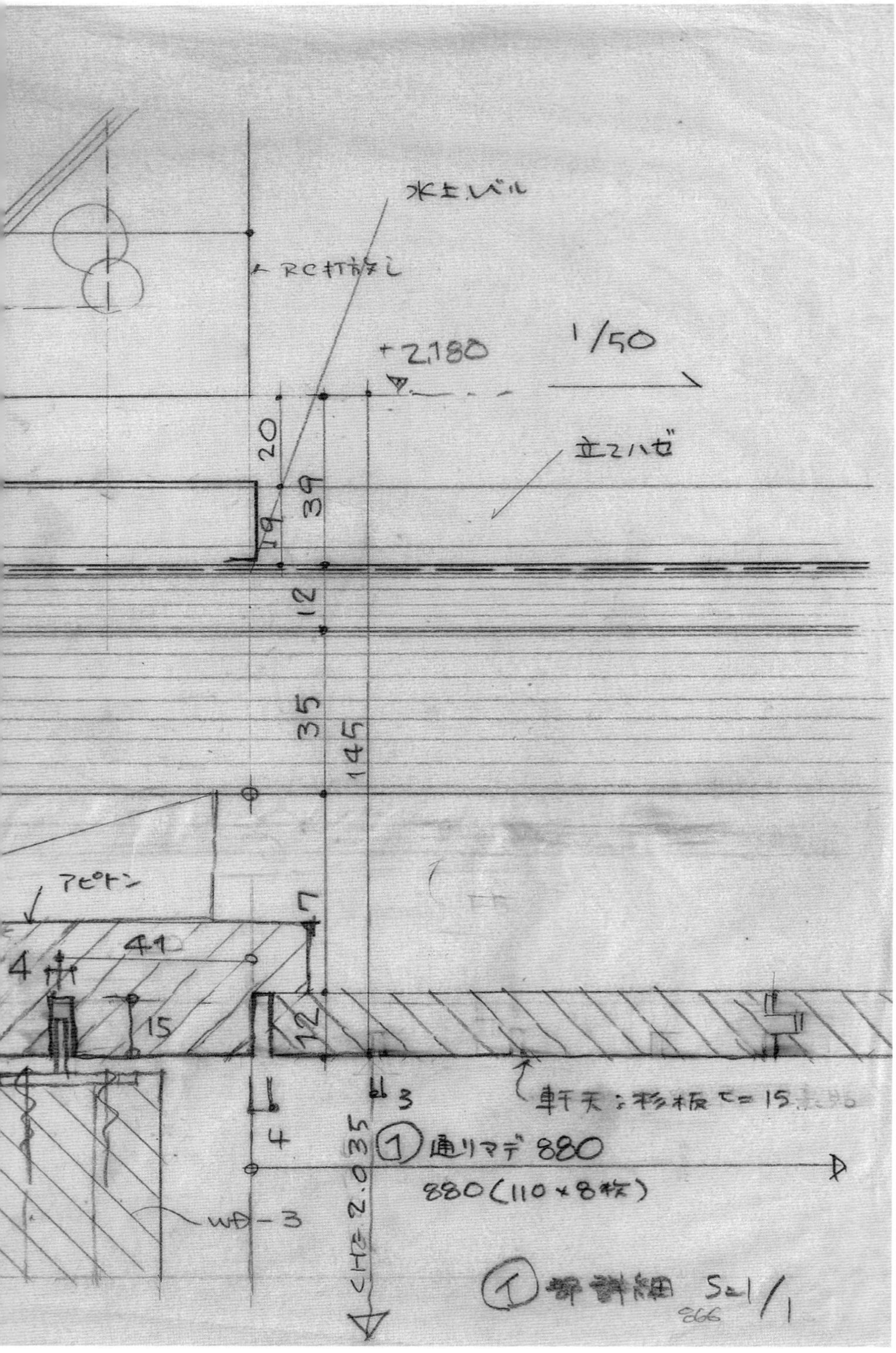
水上レベル
RC打放し
+2,180
1/50
立てハゼ
アピトン
軒天：杉板 t=15
①通りマデ 880
880（110×8枚）
CH=2,035
WD-3
①部詳細 S=1/1

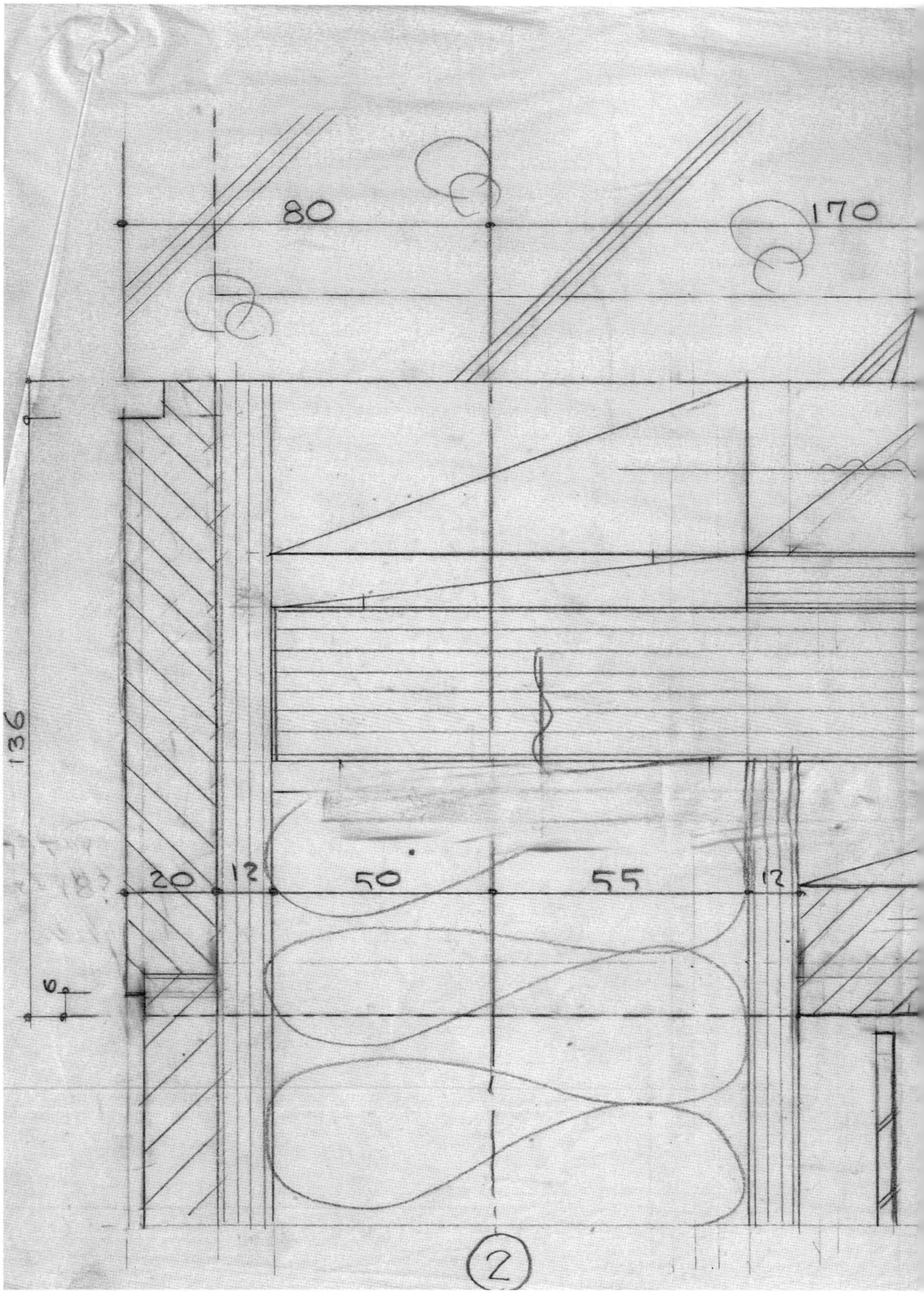

WD-1 玄関引戸の上枠原寸図。同時に屋根板金の納まりを記入。

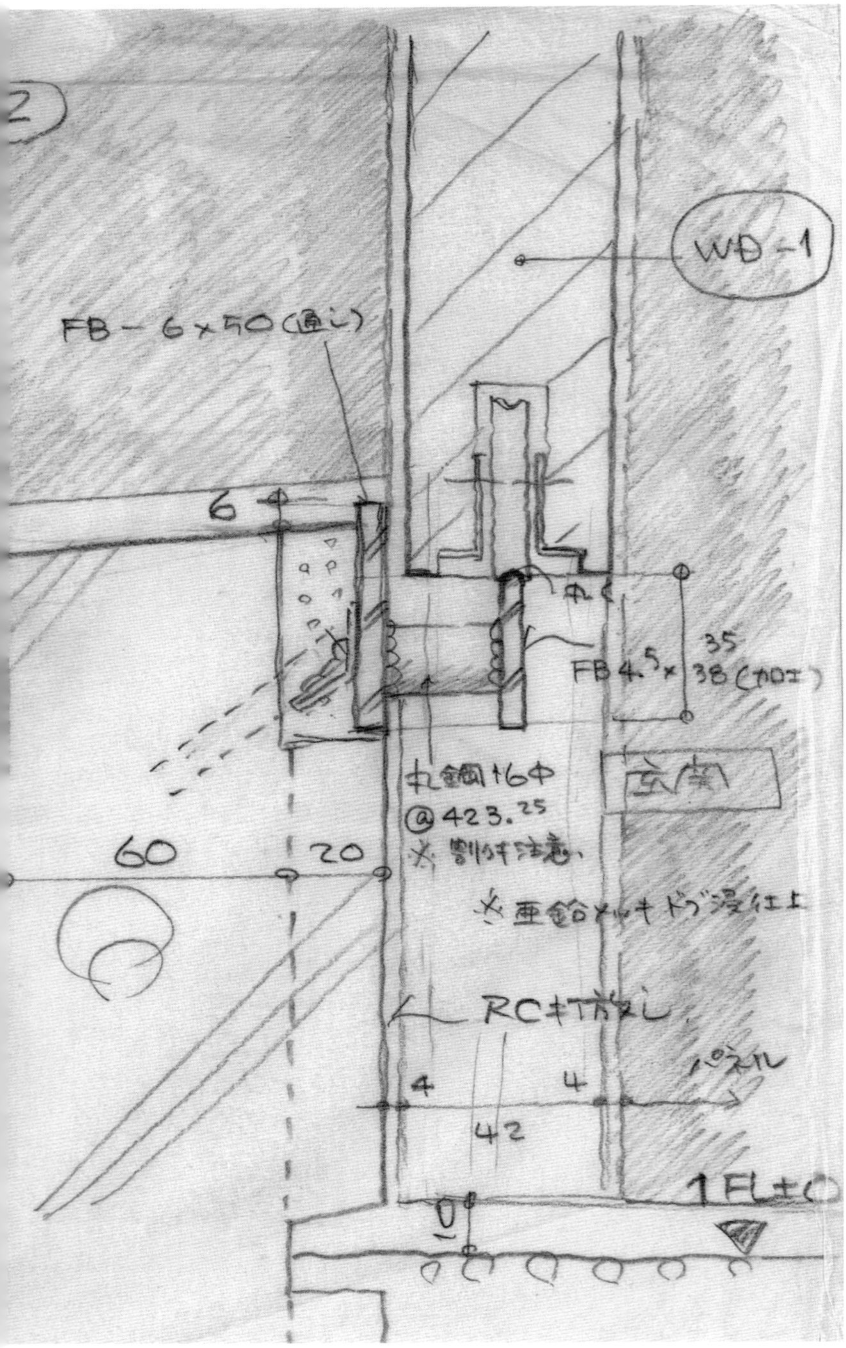
2
WD-1
FB-6×50(通し)
6
FB 4.5×35
38(加工)
丸鋼16φ
@423.25
※割付注意
玄関
60
20
※亜鉛メッキドブ漬仕上
RC打放し
パネル
4
4
42
1FL±0
0

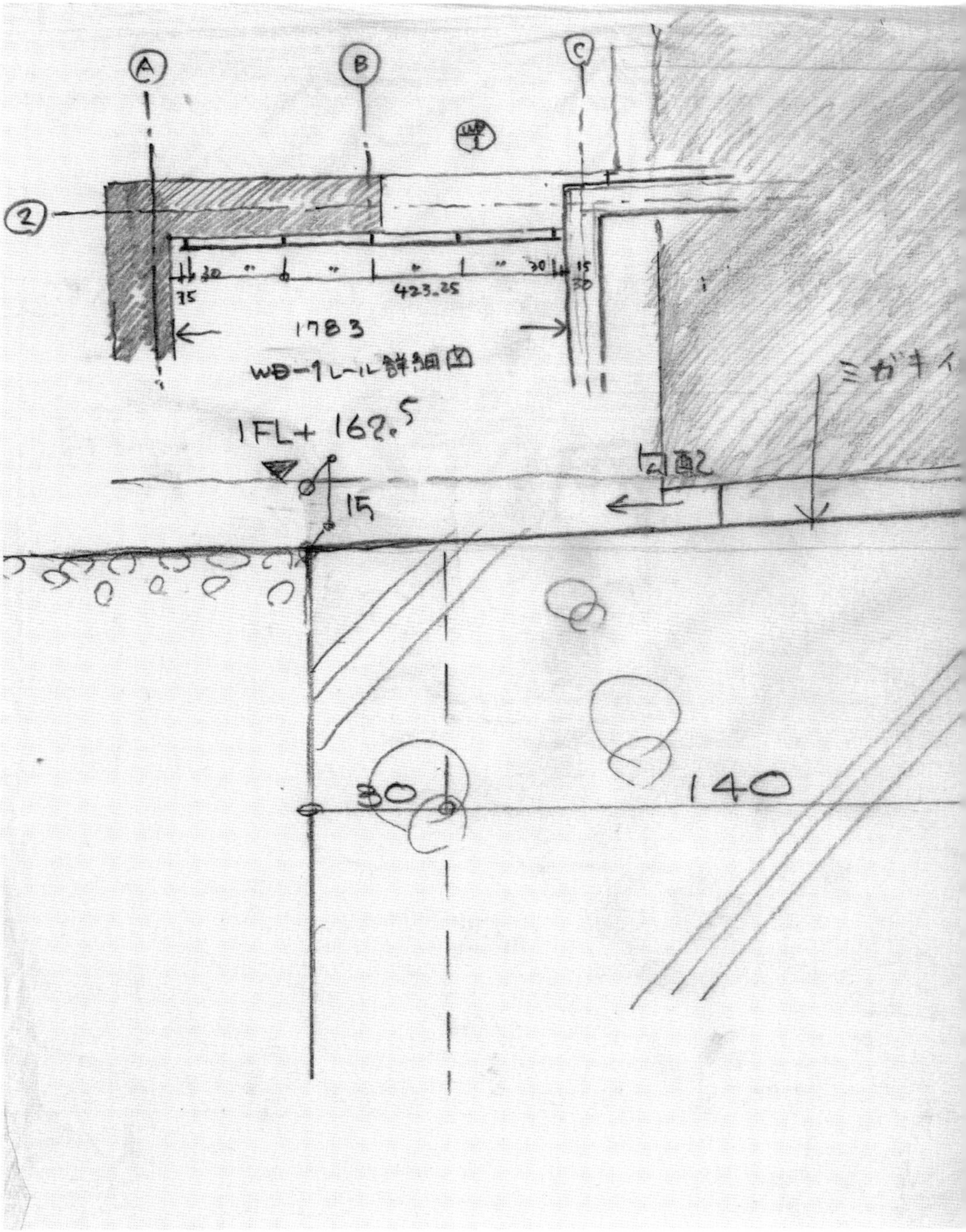

WD-1の下枠原寸スケッチ。室内側に引くので勾配を外側にとる。
レールはスチールフラットバーを用いている。

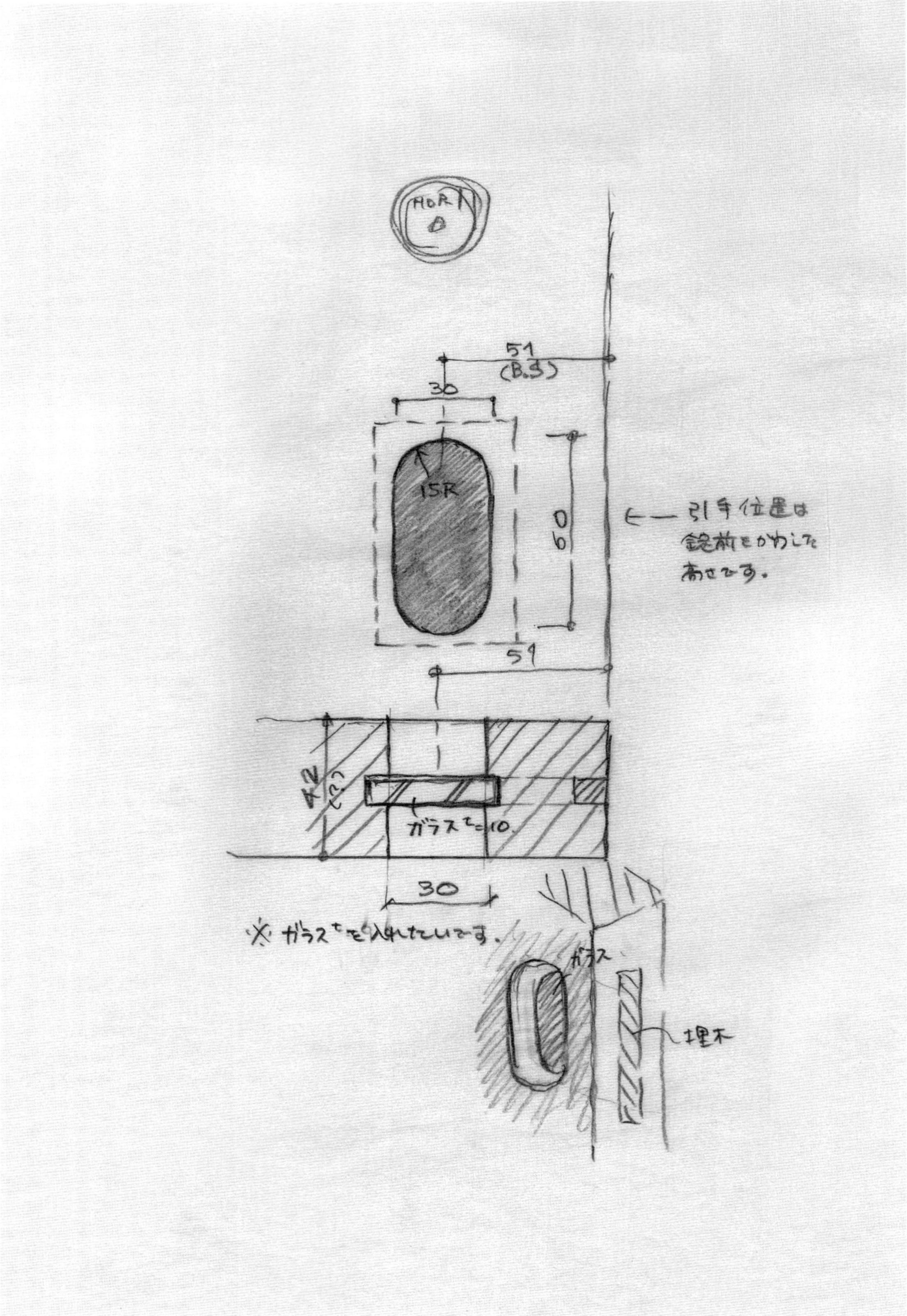

WD-1の検討スケッチ。暗がりの中、引手のありかがわかるようにt=10の透明ガラスを入れた。

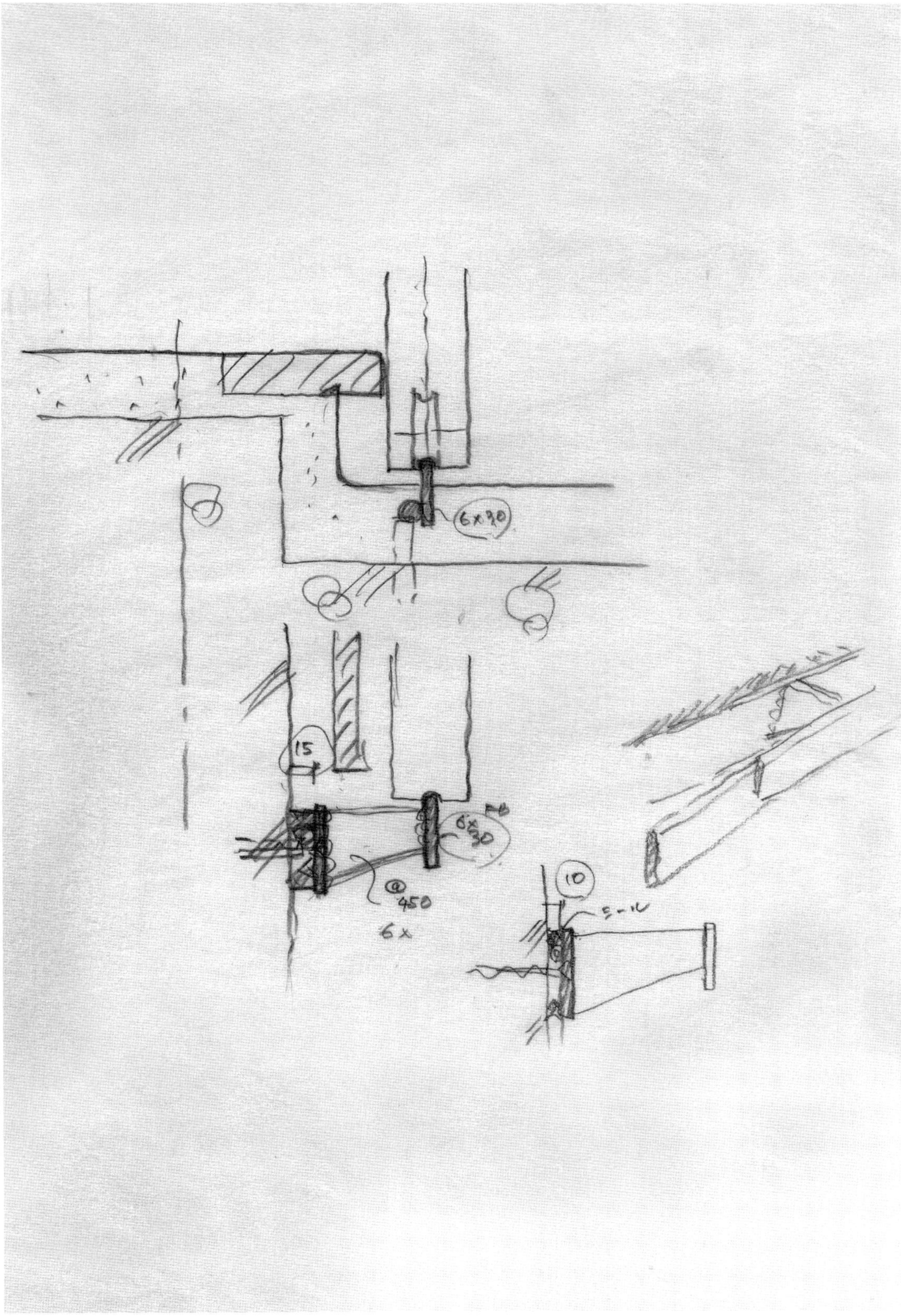

WD-1の下枠スケッチ。必要なのはレールだけ。それといかに水を切るか。

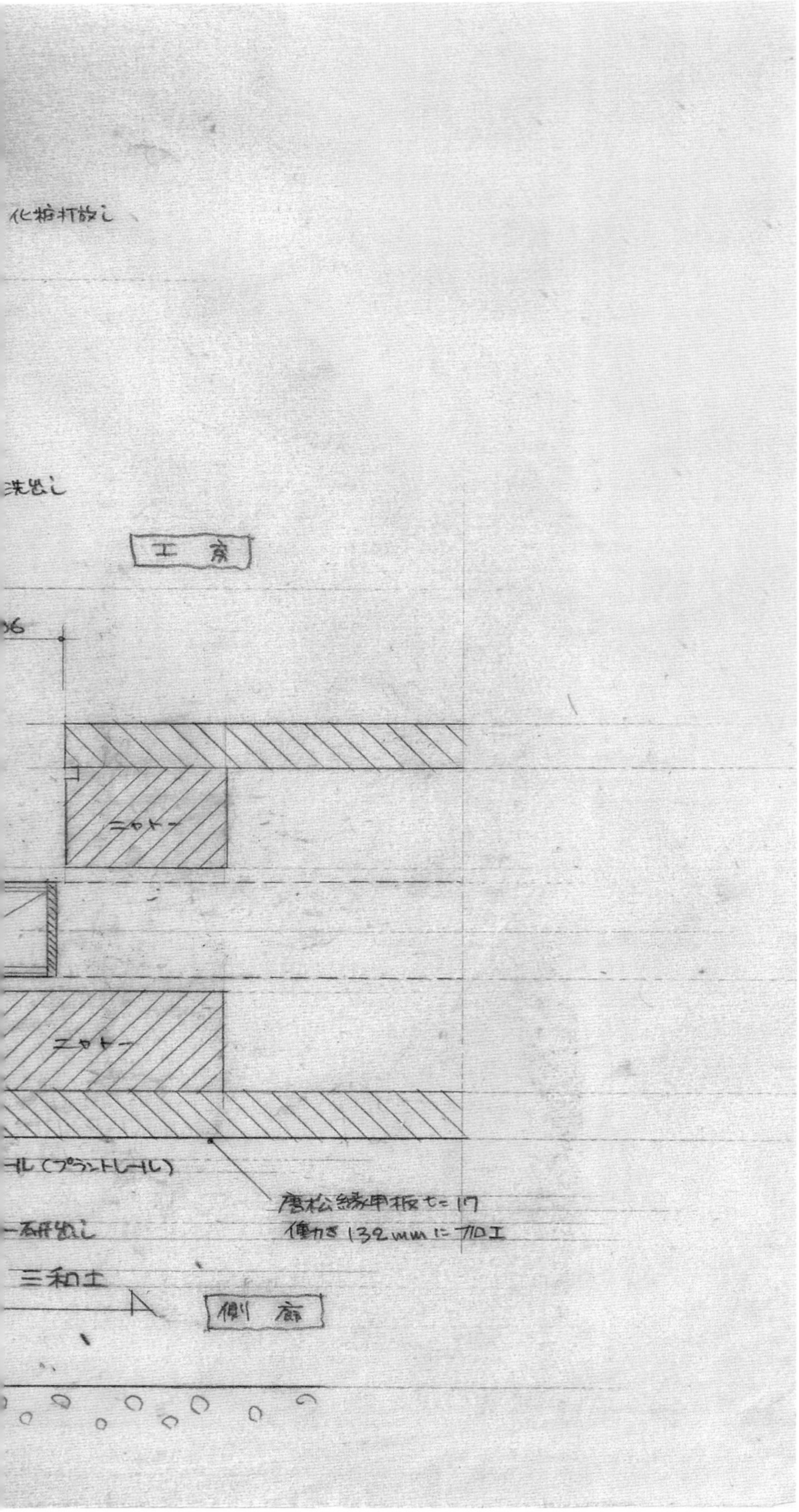
化粧打放し
洗出し
工房
ニヤトー
ニヤトー
ール（プラントレール）
唐松縁甲板 t=17
働き132mmに加工
一研出し
三和土
側廊

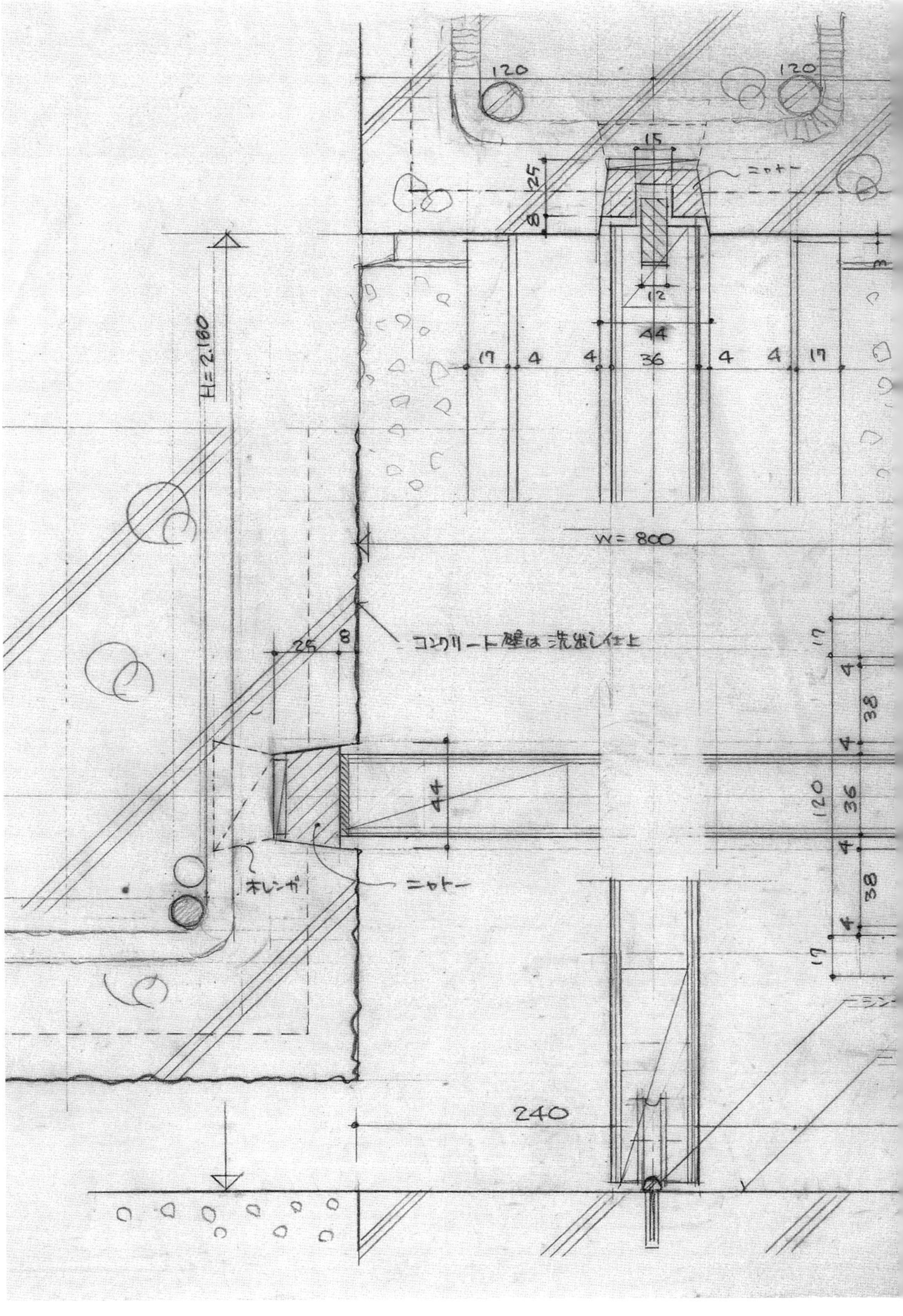

WD-2の枠廻り。コンクリートにダイレクトに埋め込んだ木枠。鉄筋に当たらないかを検討している。コンクリート面より木枠の面を下げて配置している。

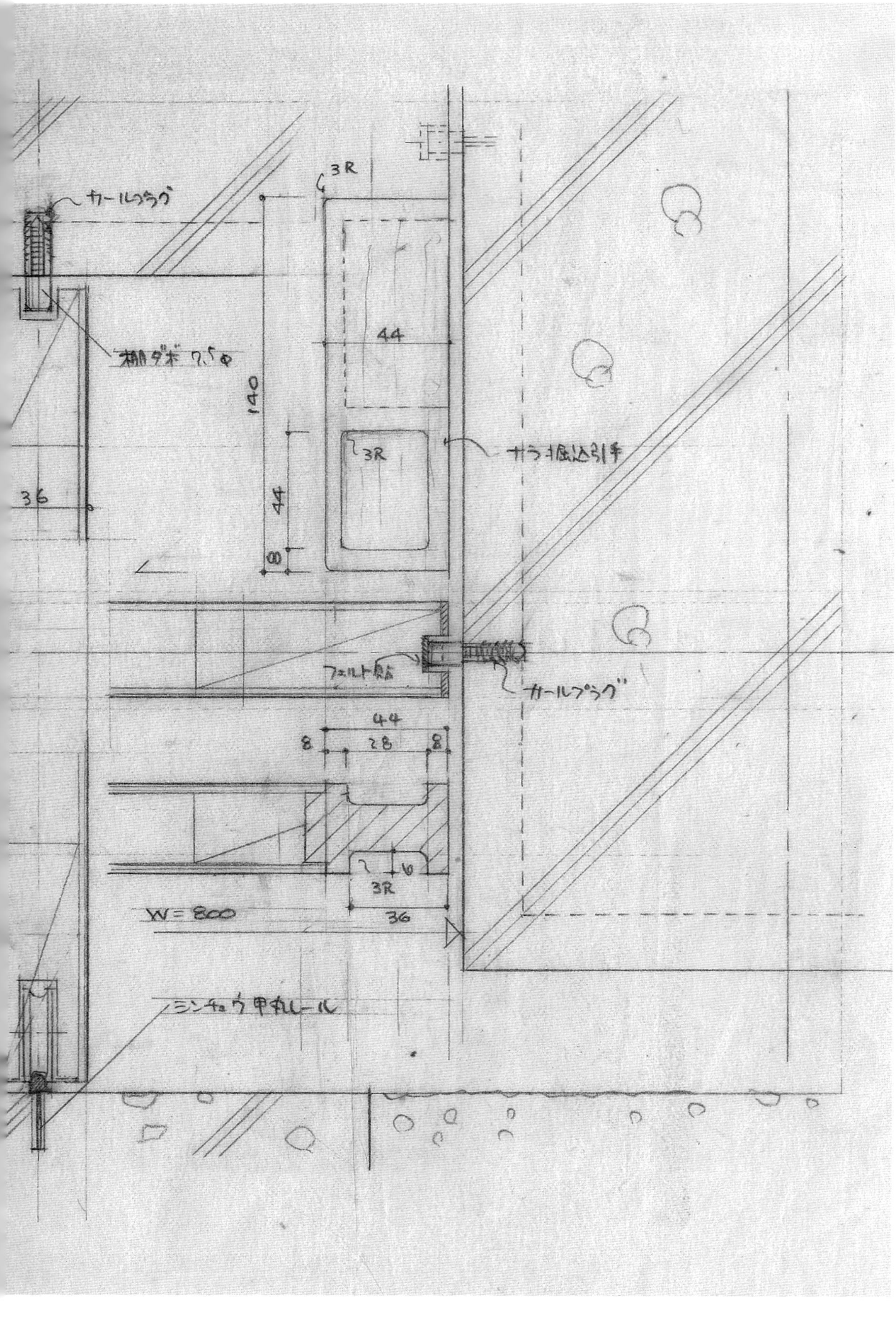

3R
カールプラグ
棚ダボ 7.5φ
44
140
3R
ナラ掘込引手
44
8
36
フェルト貼
カールプラグ
44
8
28
8
6
3R
W=800
36
シンチュウ甲丸レール

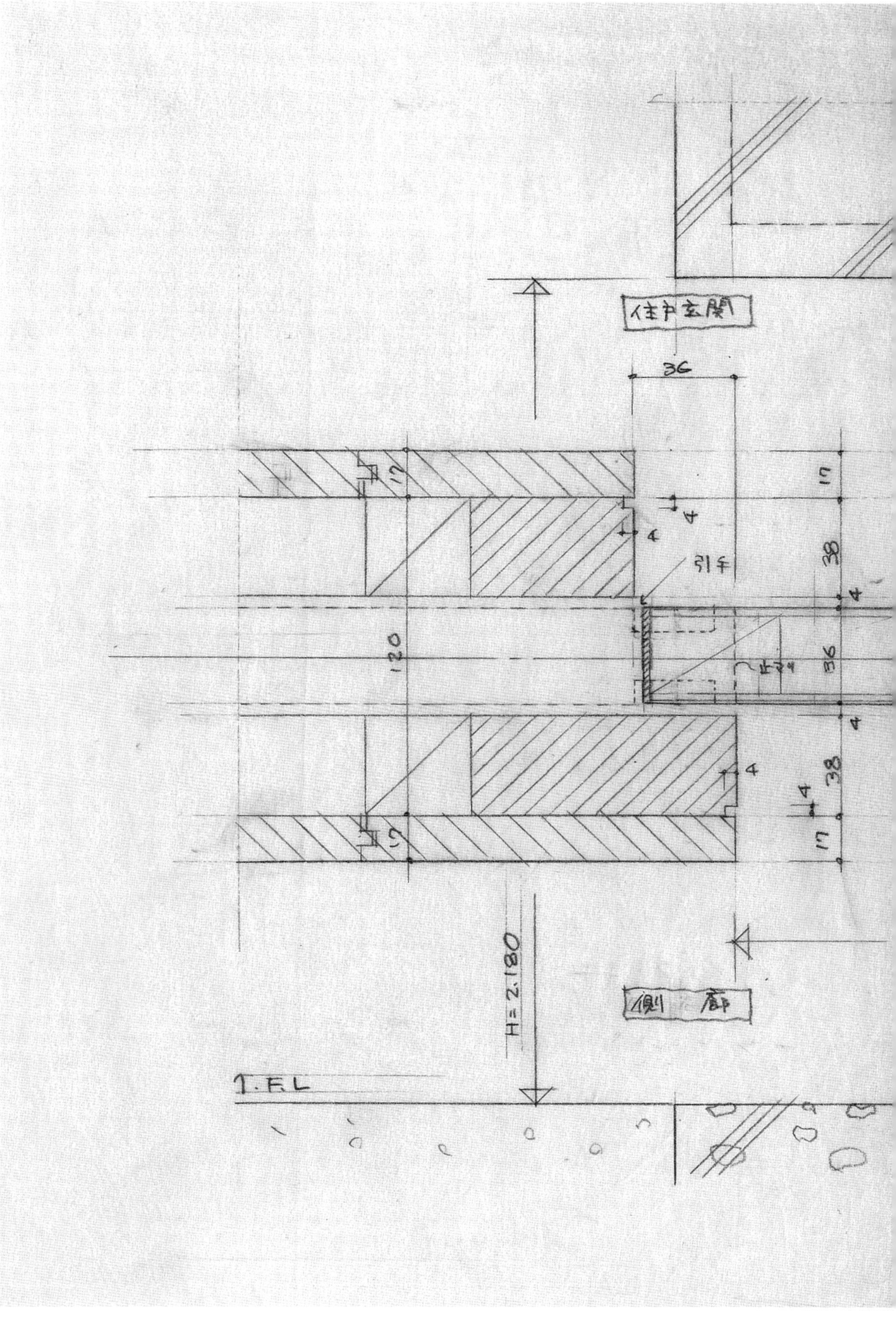

WD-3の枠廻り。室内の間仕切り引戸は、RC梁下端にステンレス製の棚ダボを打ってガイドしている。

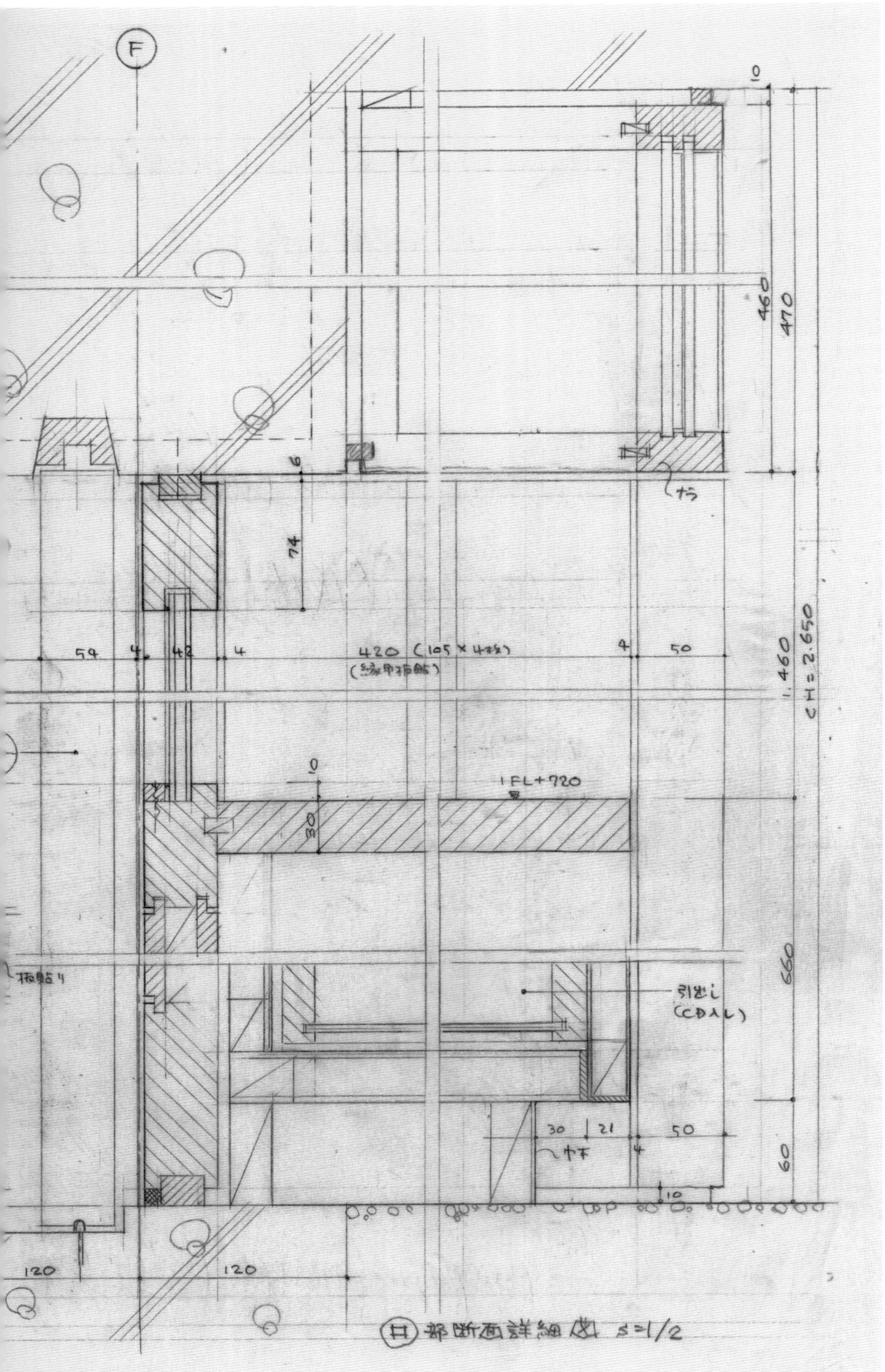
F
CH=2.650
1.460
460
470
660
60
74
30
420 (105×4枚)
54
42
50
120
120
1FL+720
引出し
(CD入レ)
H部断面詳細図 S=1/2

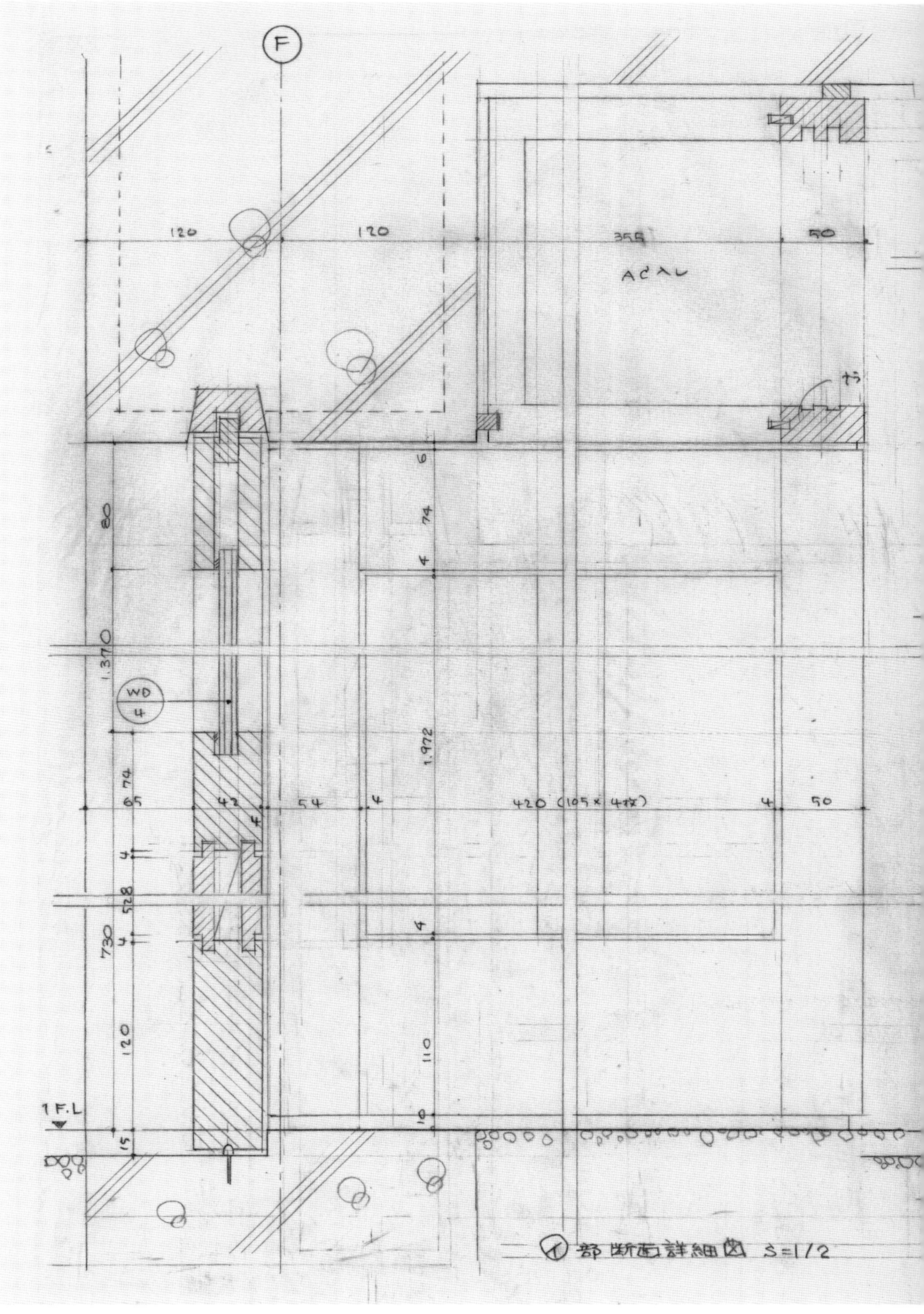
F
120
120
355
50
WD
4
1,370
1,972
80
74
65
42
54
420 (105×4枚)
50
730
120
110
1F.L
15

㋑部断面詳細図 S=1/2

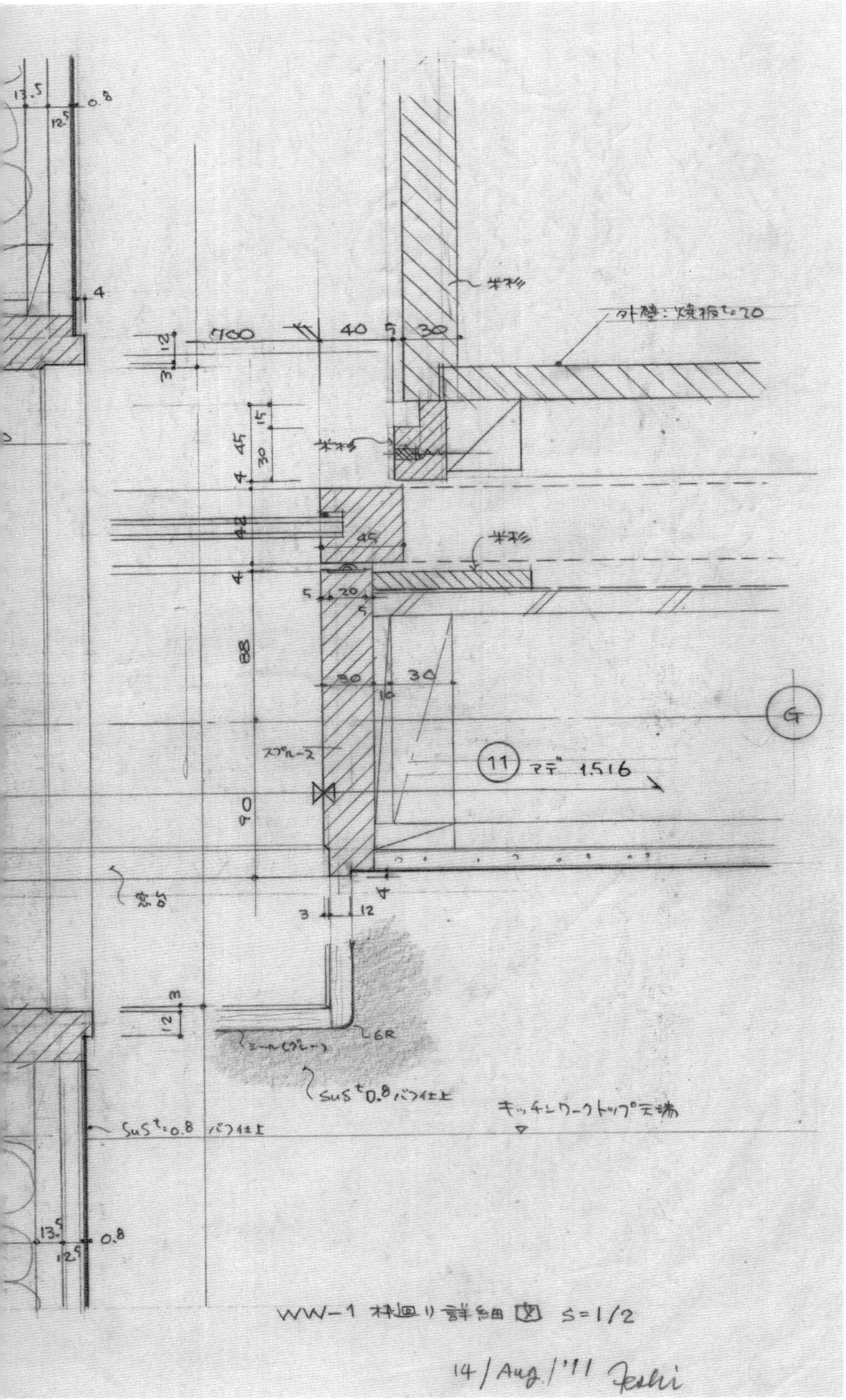
米杉
外壁：焼板 t=20
米杉
米杉
スプルース
11 マデ 1516
G
窓台
6R
シール(グレー)
SUS t 0.8 バフ仕上
キッチンワークトップ天端
SUS t=0.8 バフ仕上
WW-1 枠廻り詳細図 S=1/2
14/Aug./'11

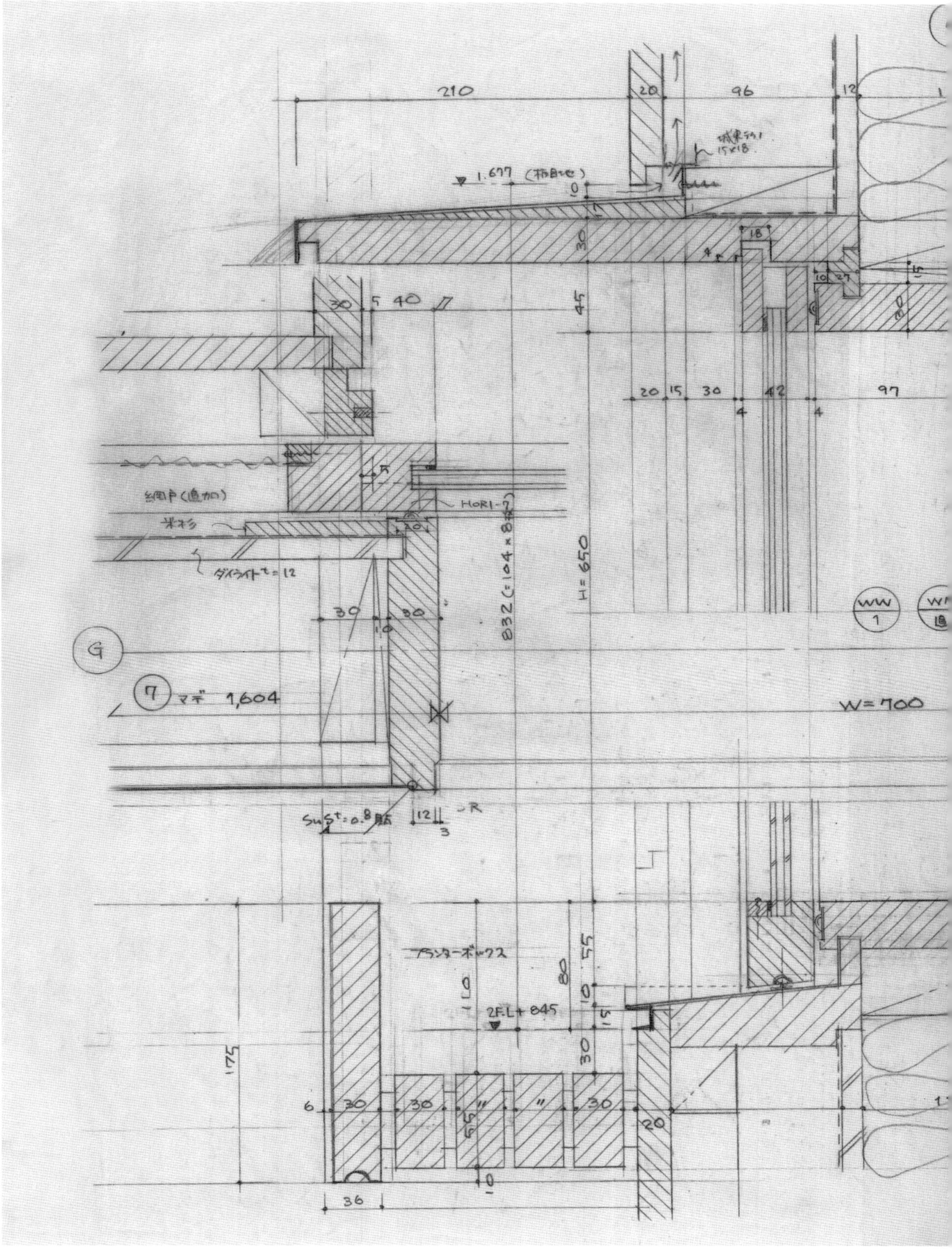

WW-1 キッチンの流し台前の小窓。人は壁に向かって作業するのをきらうものである。調理の合間に視線が遠くに伸びるように窓外に小さなプランターボックスを設けた。外からもスノコの上げ裏が見えるので逃げのない仕事である。

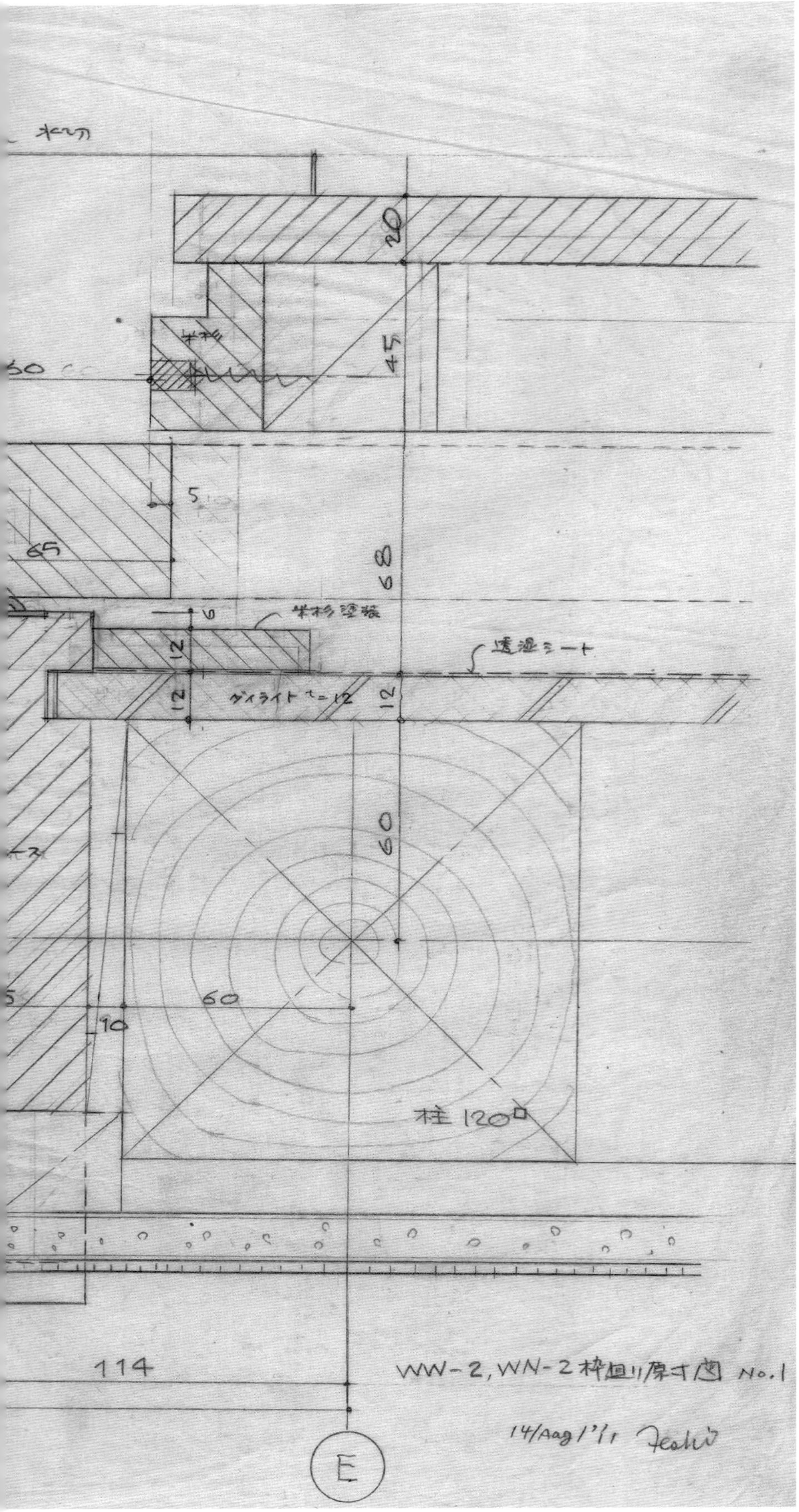
20
45
68
米杉塗装
透湿シート
12
ダイライト t=12
12
12
60
60
10
柱 120□
114
WW-2, WN-2 枠廻り原寸図 No.1
E

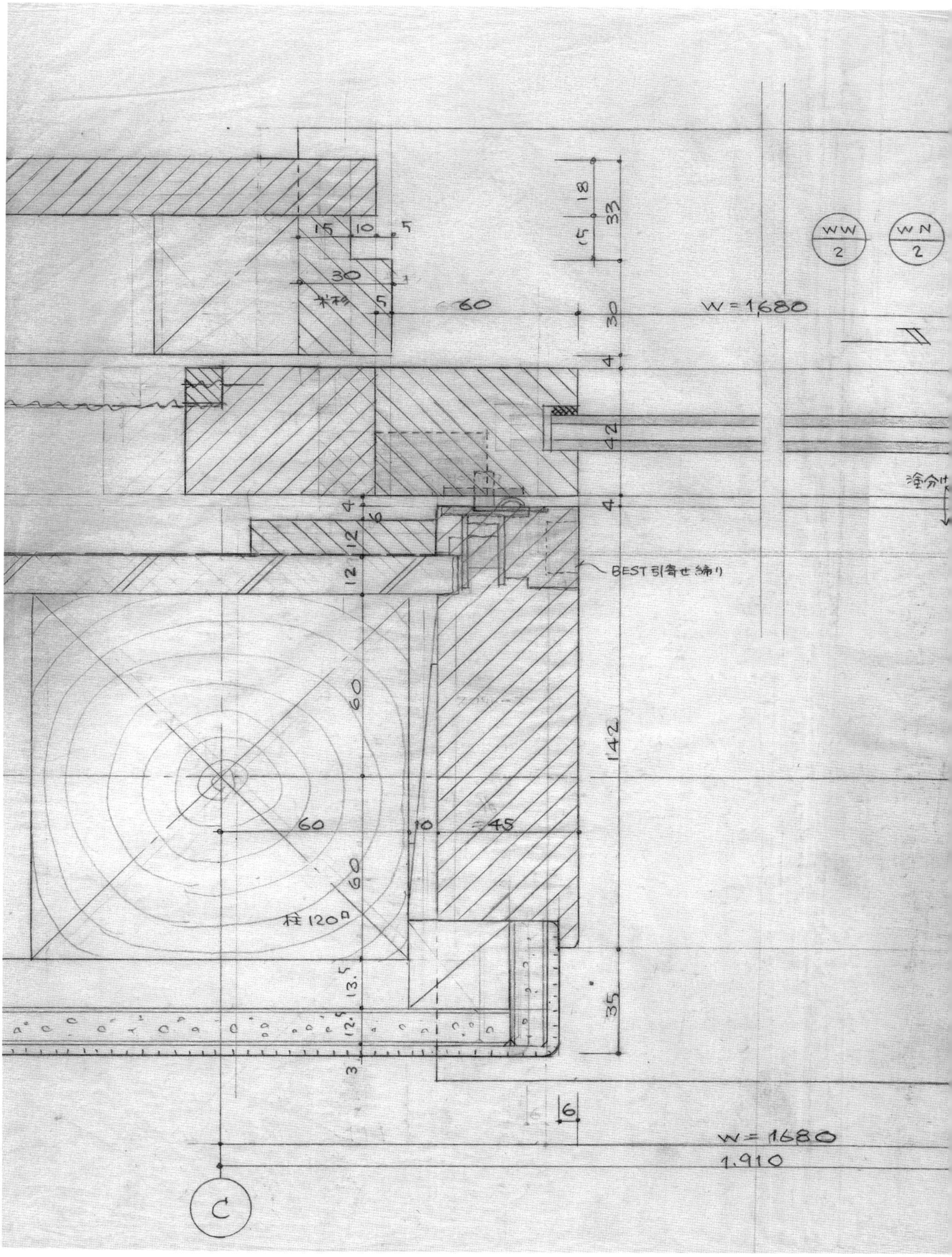

WW-2の枠廻り原寸図。

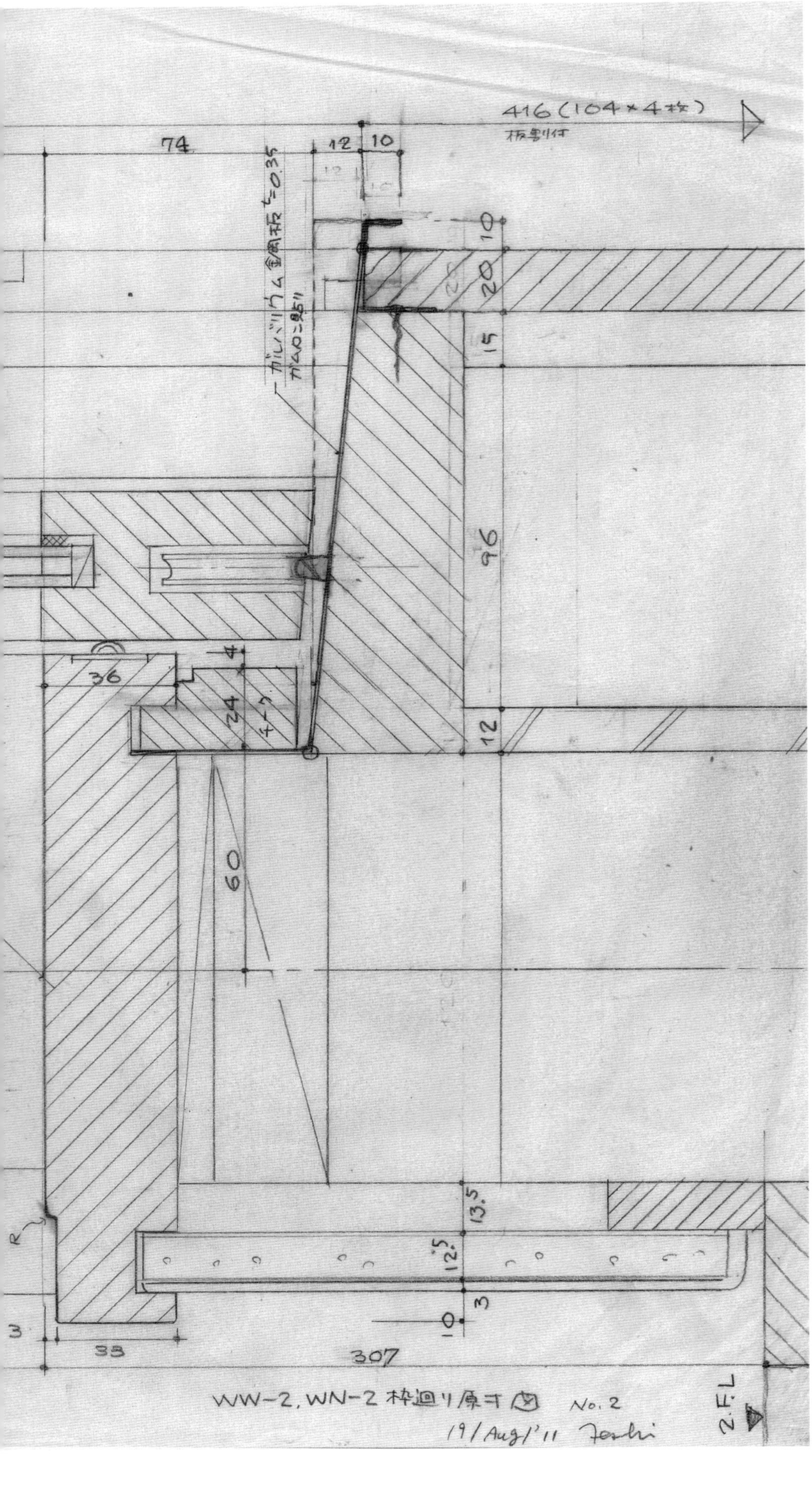
416 (104×4枚)
板割付
74
12
10
ガルバリウム鋼板 t=0.35
10
20
15
96
36
4
24
12
60
13.5
12.5
3
10
R
3
33
307
WW-2, WN-2 枠廻り原寸図 No. 2
19/Aug/'11
2.FL

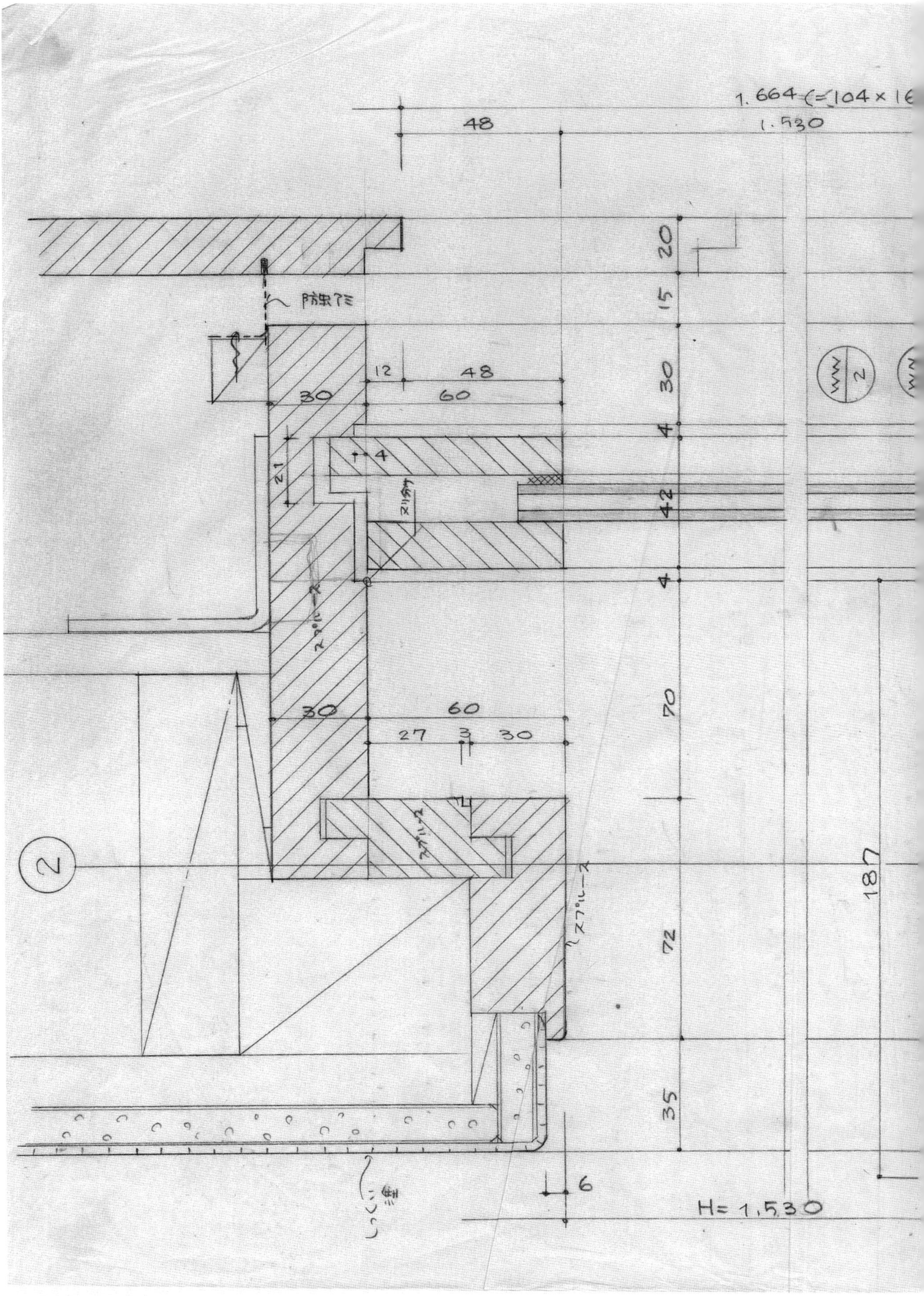
1.664 (=104×16
48
1.530
20
15
防虫アミ
12
48
30
60
30
4
4
42
4
70
30
60
27
3
30
スプルース
2
72
187
35
6
H=1,530

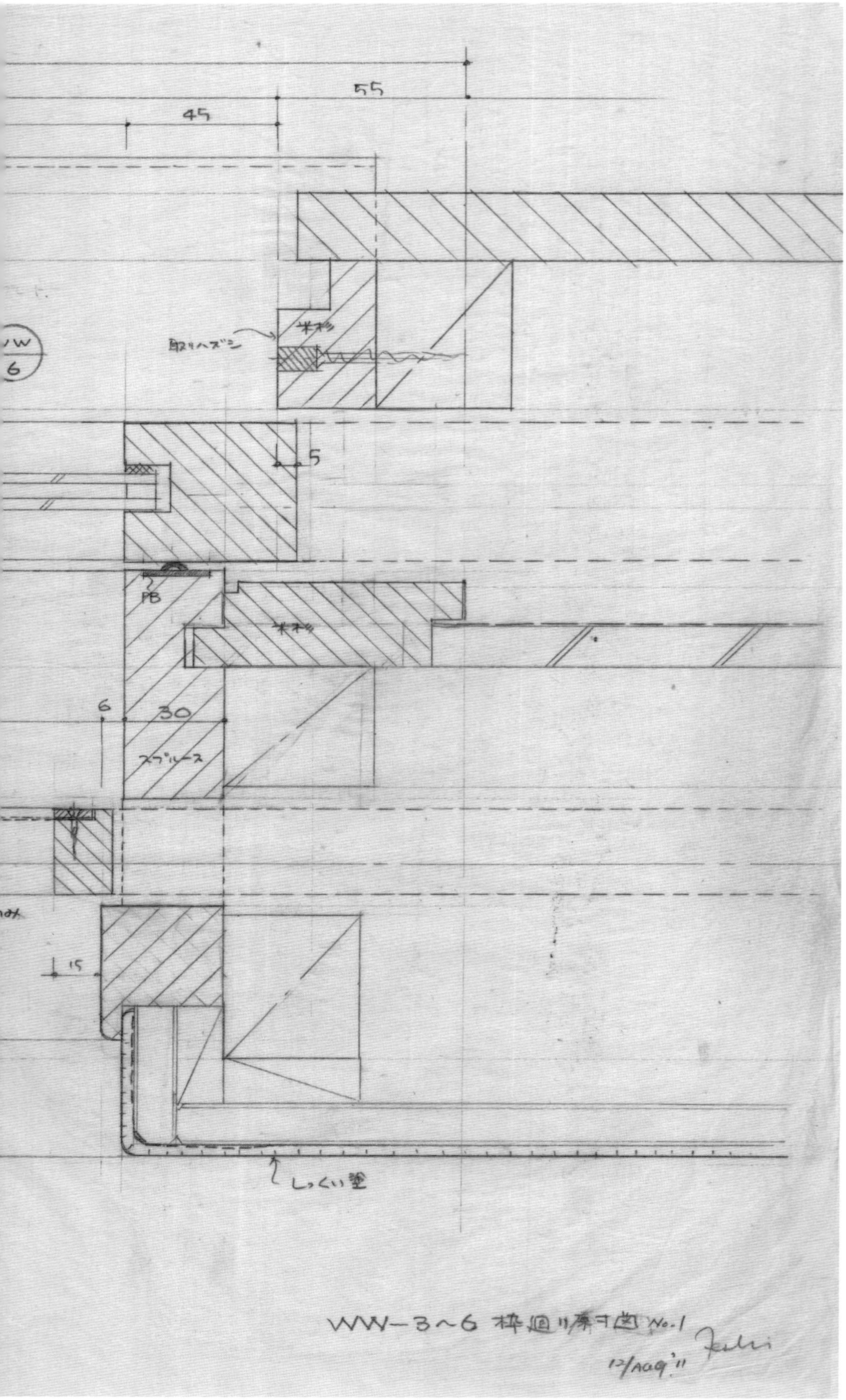
55
45
取りハズシ
米杉
5
PB
米杉
6
30
スプルース
15
しっくい塗
WW-3〜6 枠廻り原寸図 No.1
12/Aug'11

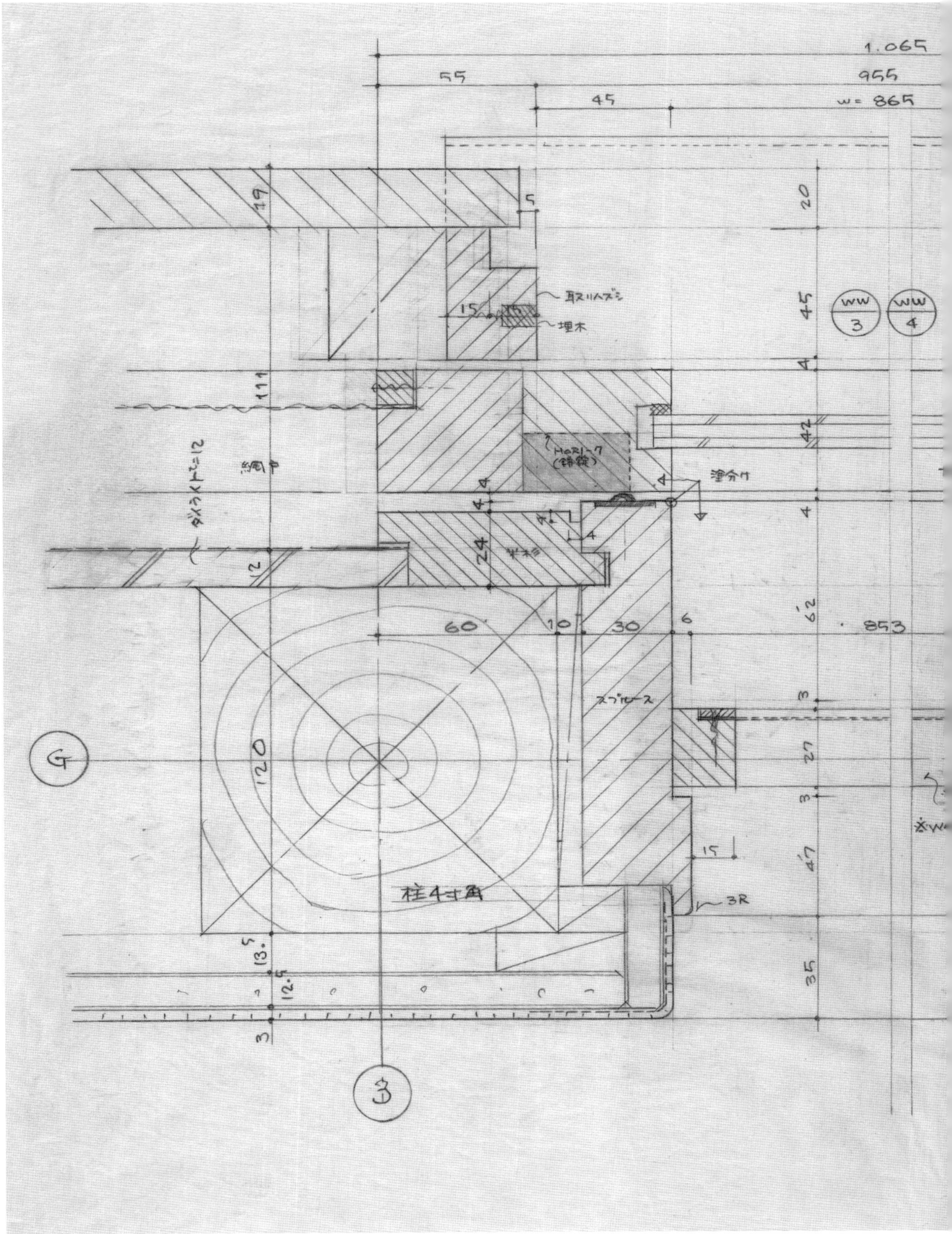

WW-3～6 階段前の大きな開口部の原寸図。手の込んだ枠廻りである。外壁とガラス戸が5ミリ重なっている点に注目していただきたい。壁小口を取外しとすることによって、ガラス戸を外すことができる。網戸が連結して出てくる。

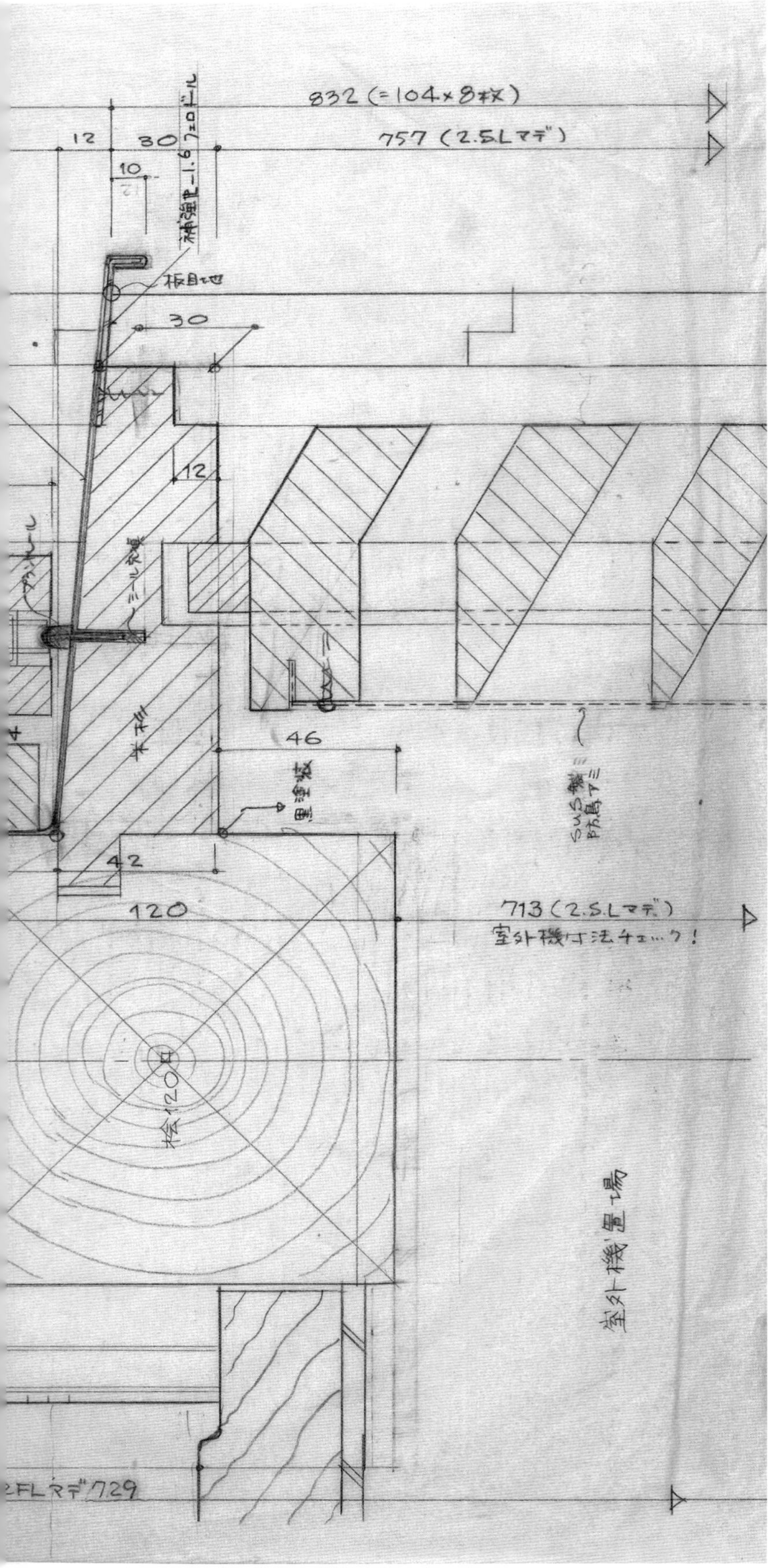
832（=104×8枚）
757（2.5Lマデ）
12
30
10
板目地
30
12
46
42
120
713（2.S.Lマデ）
室外機寸法チェック！
桧120□
室外機置場
FLマデ729

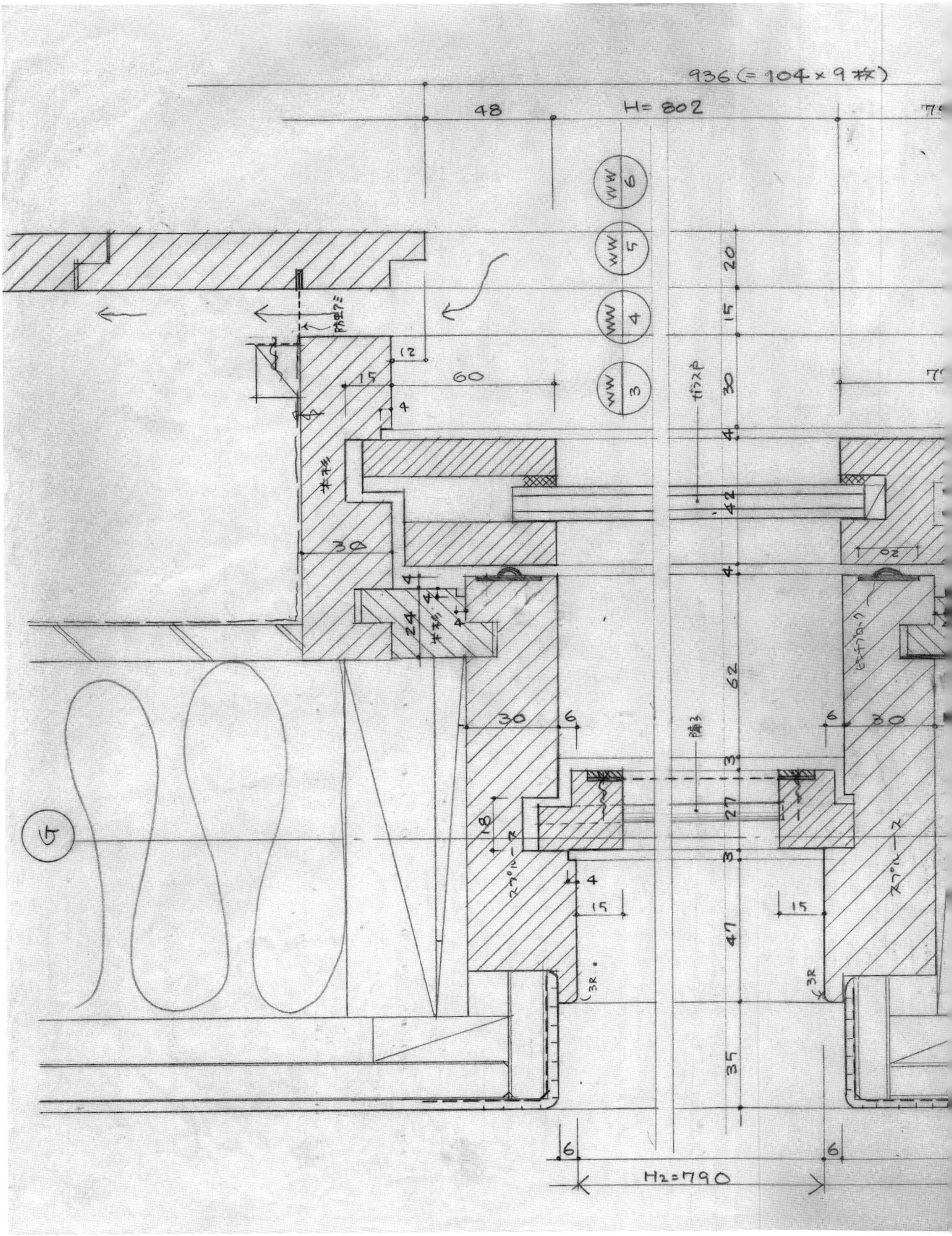

板金の納まりなど、大工→板金→大工と切りのわるい仕事を指示している。枠のチリは6ミリであるが、壁が板の場合と左官では違えている。甲丸レールは脳天打ちをきらい、プラントレールを用いた。

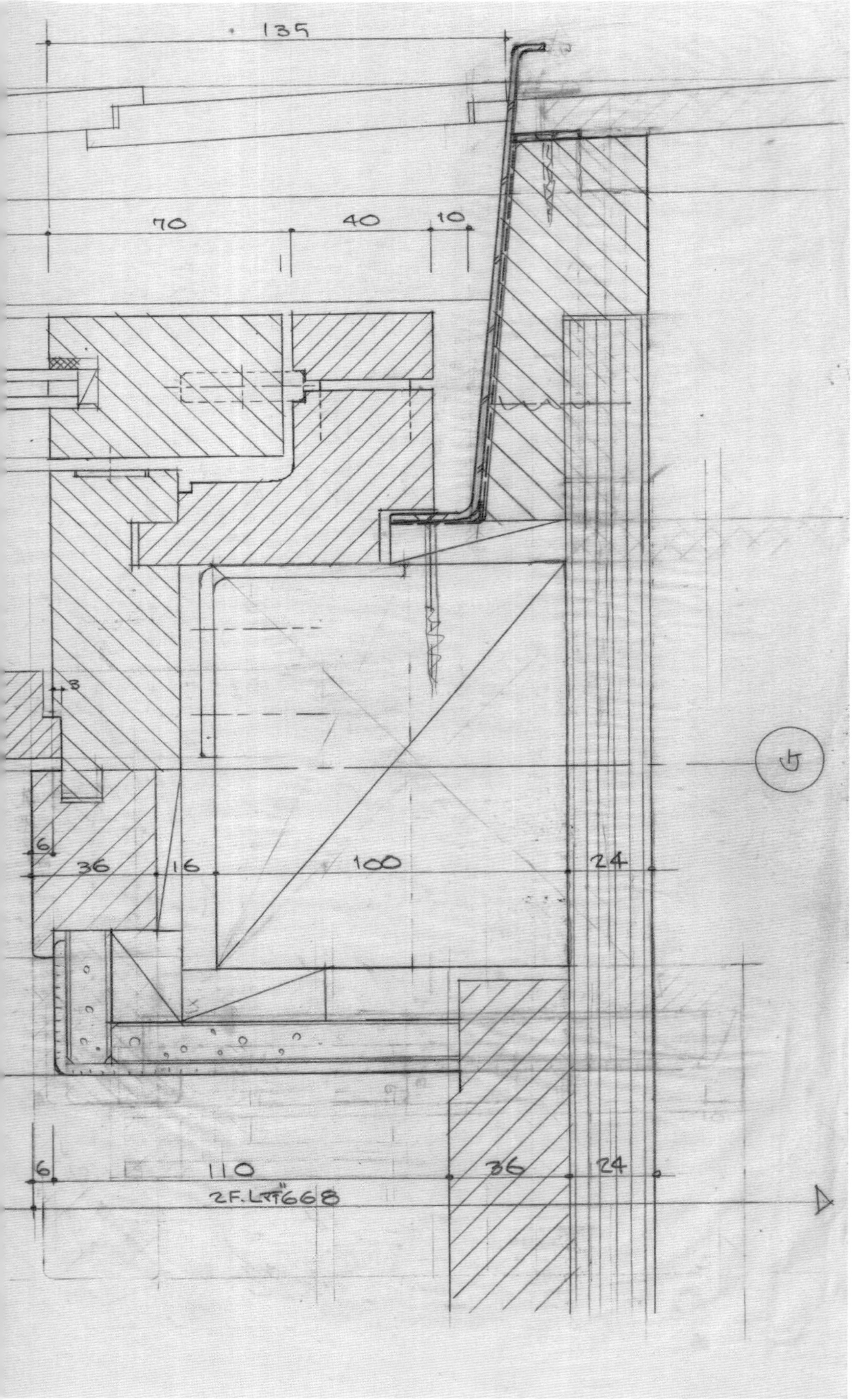
135
70
40
10
8
6
36
16
100
24
6
110
36
24
2F.L 668

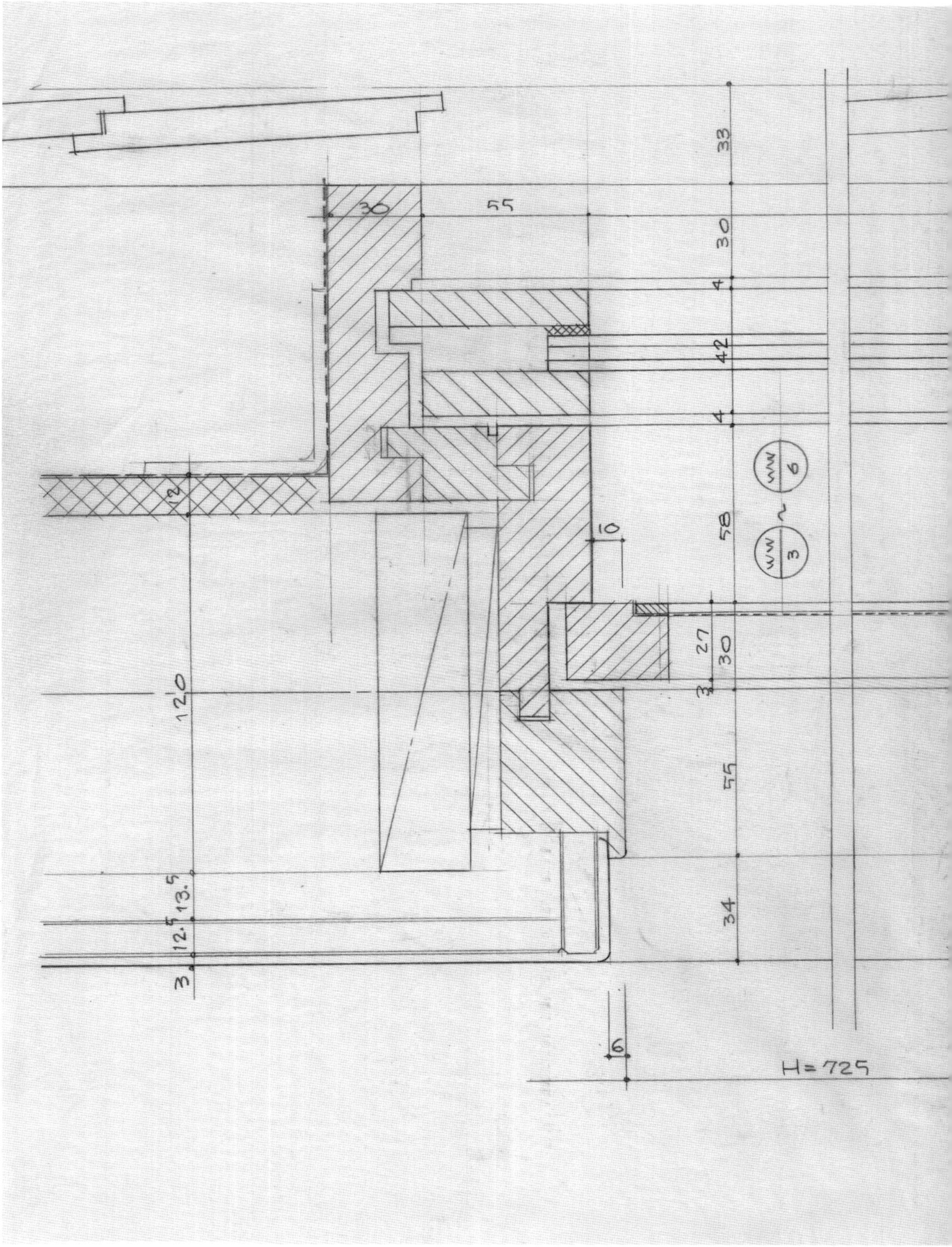

WW-3～6の検討図である。レールを耐久性のあるイペ材でも考えてみた。

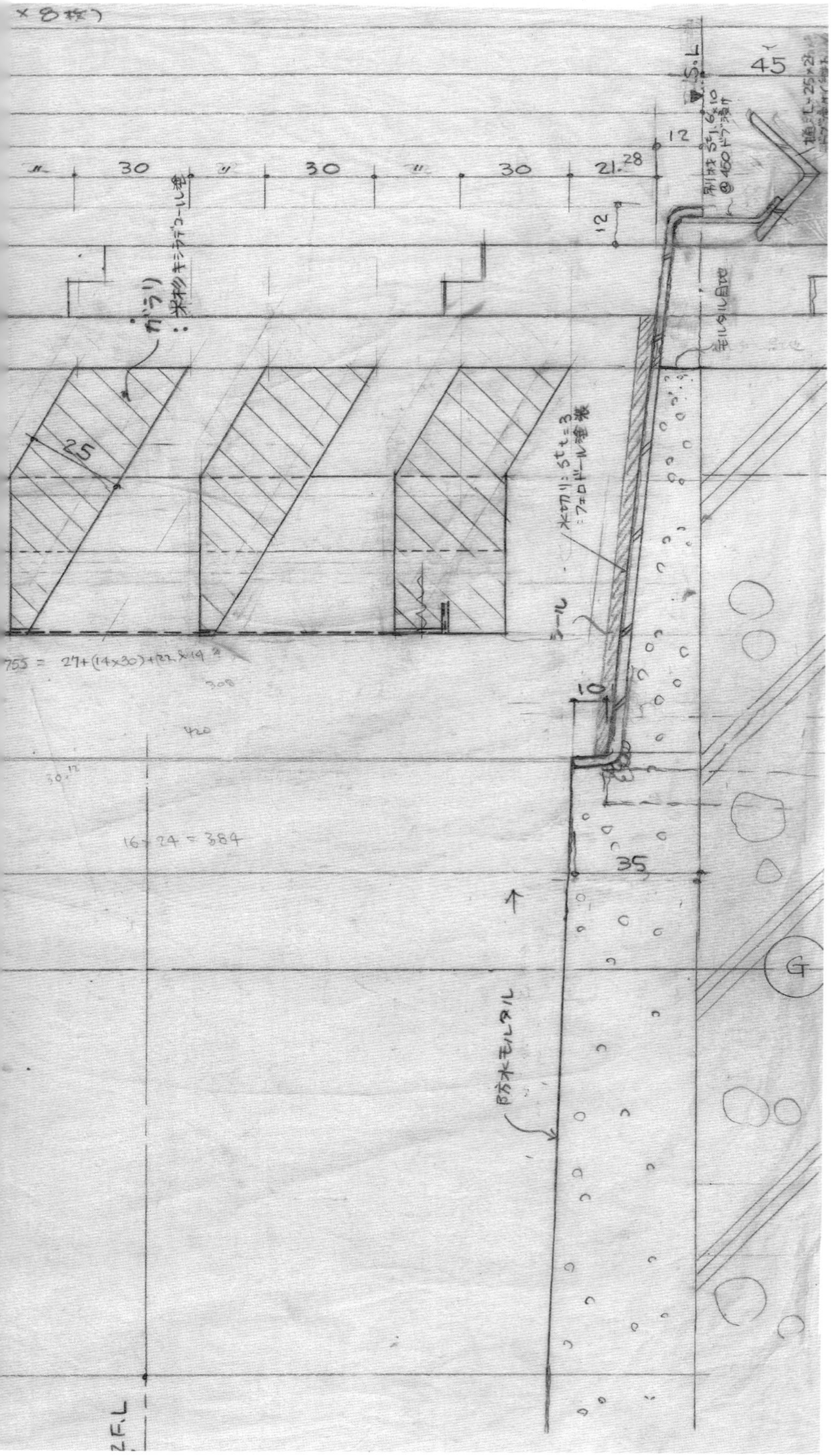

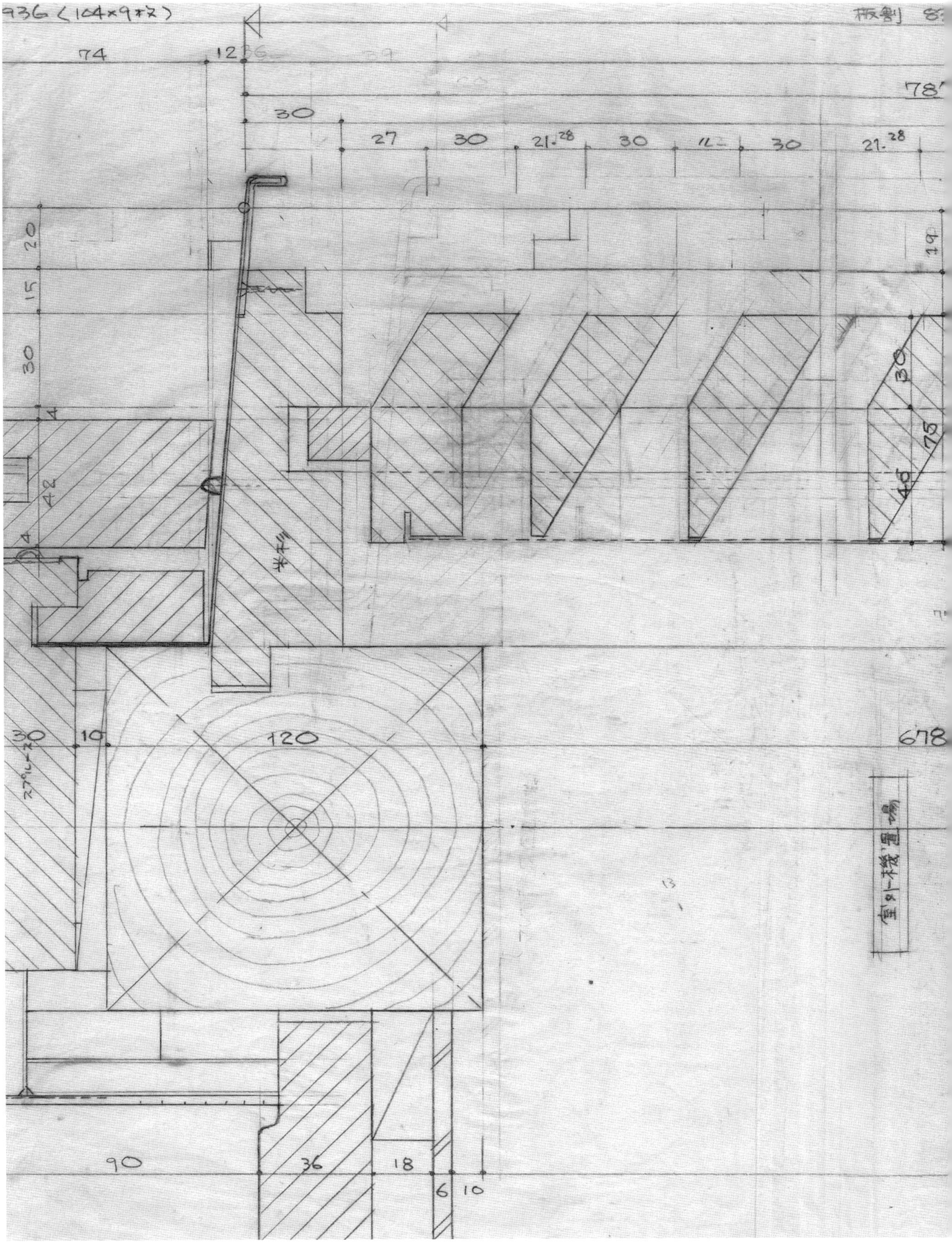

屋外機置き場のガラリ原寸図である。結露水が1階に落ちるのをきらい、溶融亜鉛メッキ仕上げのアングル材の樋を設けている。

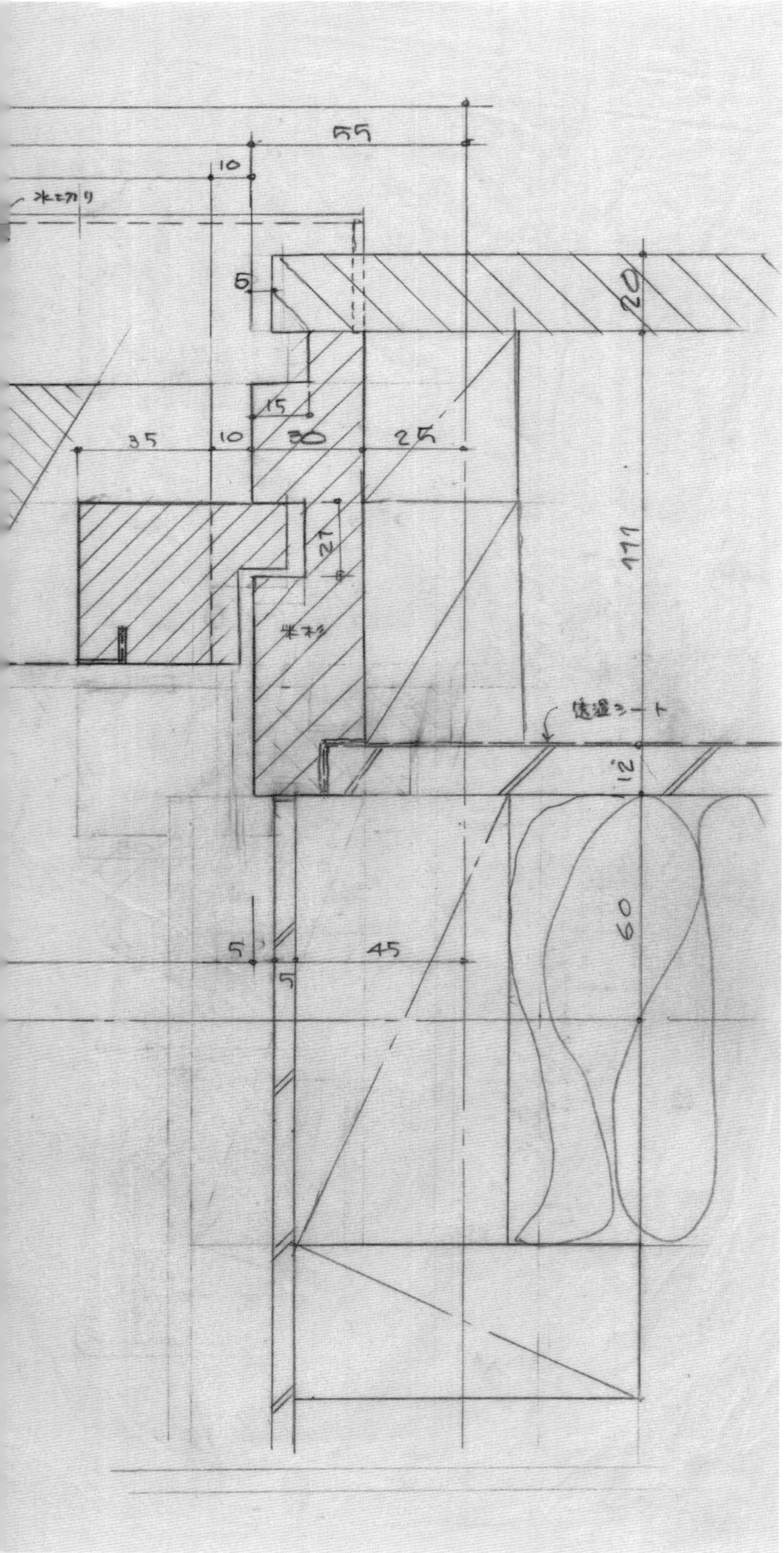
55
10
水切り
5
20
15
35
10
30
25
27
米杉
171
透湿シート
12
60
5
45
5

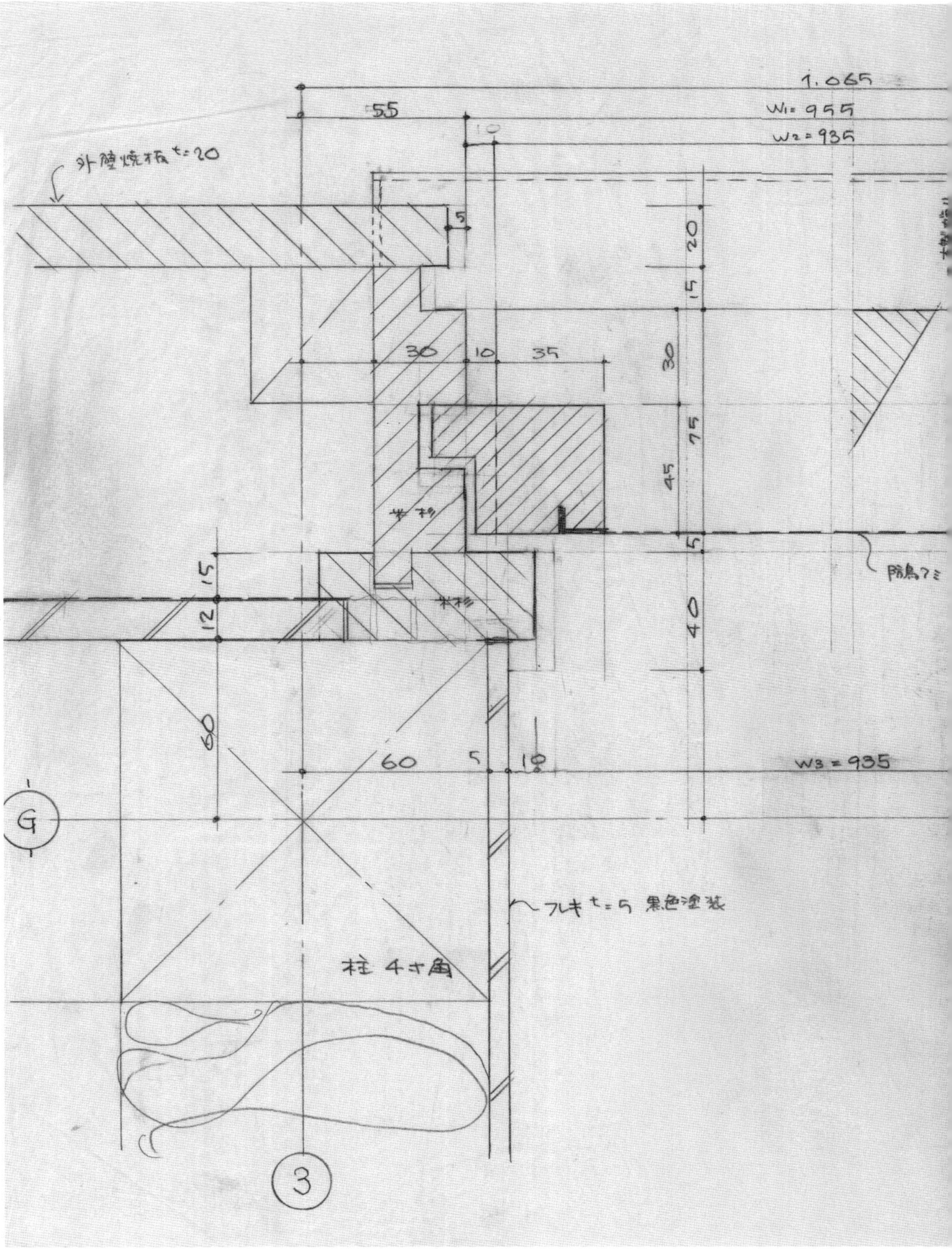

同じく室外機置き場の枠廻り原寸図。

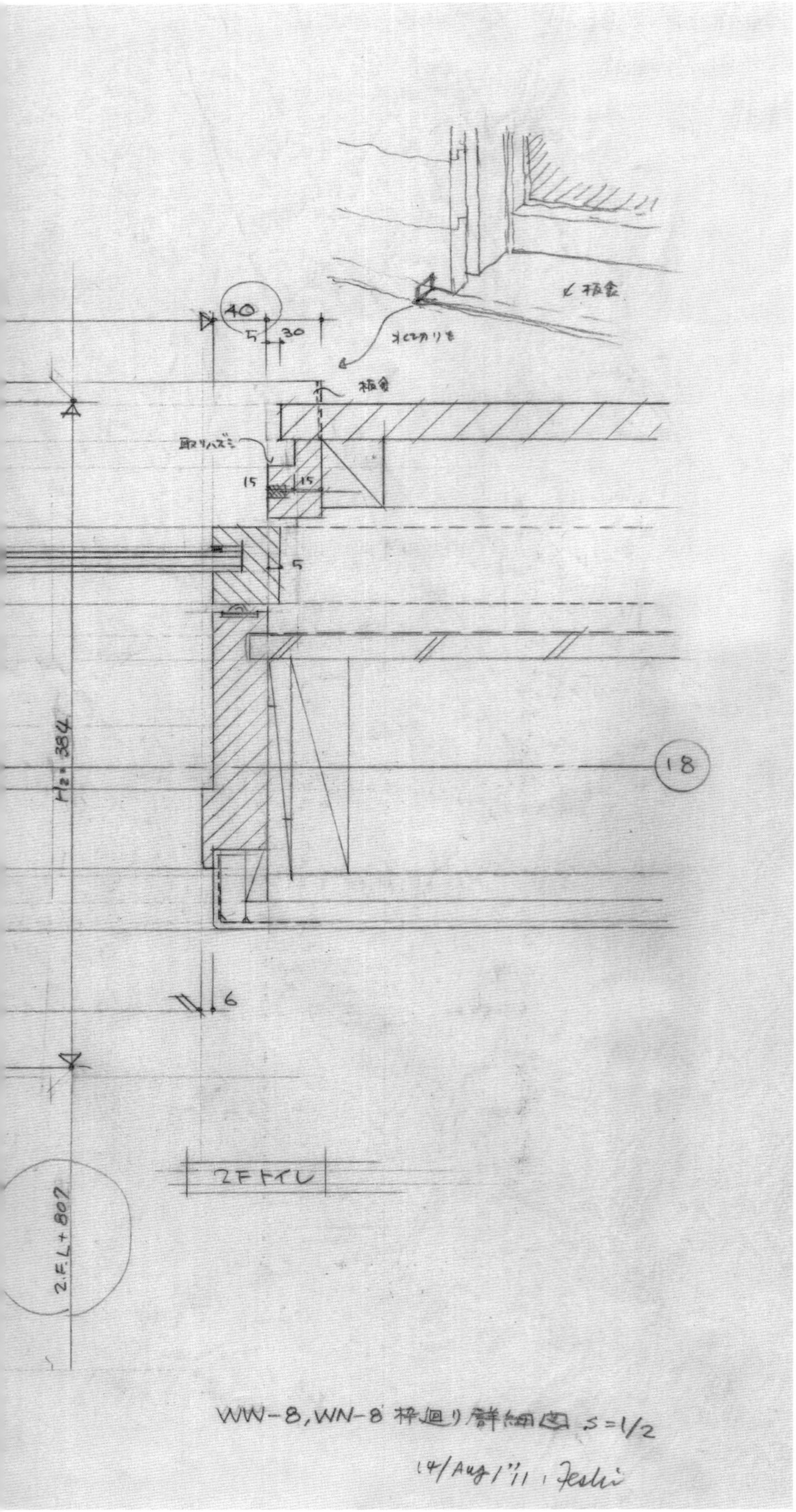

40
5
30
板金
板金
取りハズシ
15
15
5
18
6
2Fトイレ
2.F.L+807
WW-8, WN-8 枠廻り詳細図 S=1/2
14/Aug/'11

• drawings

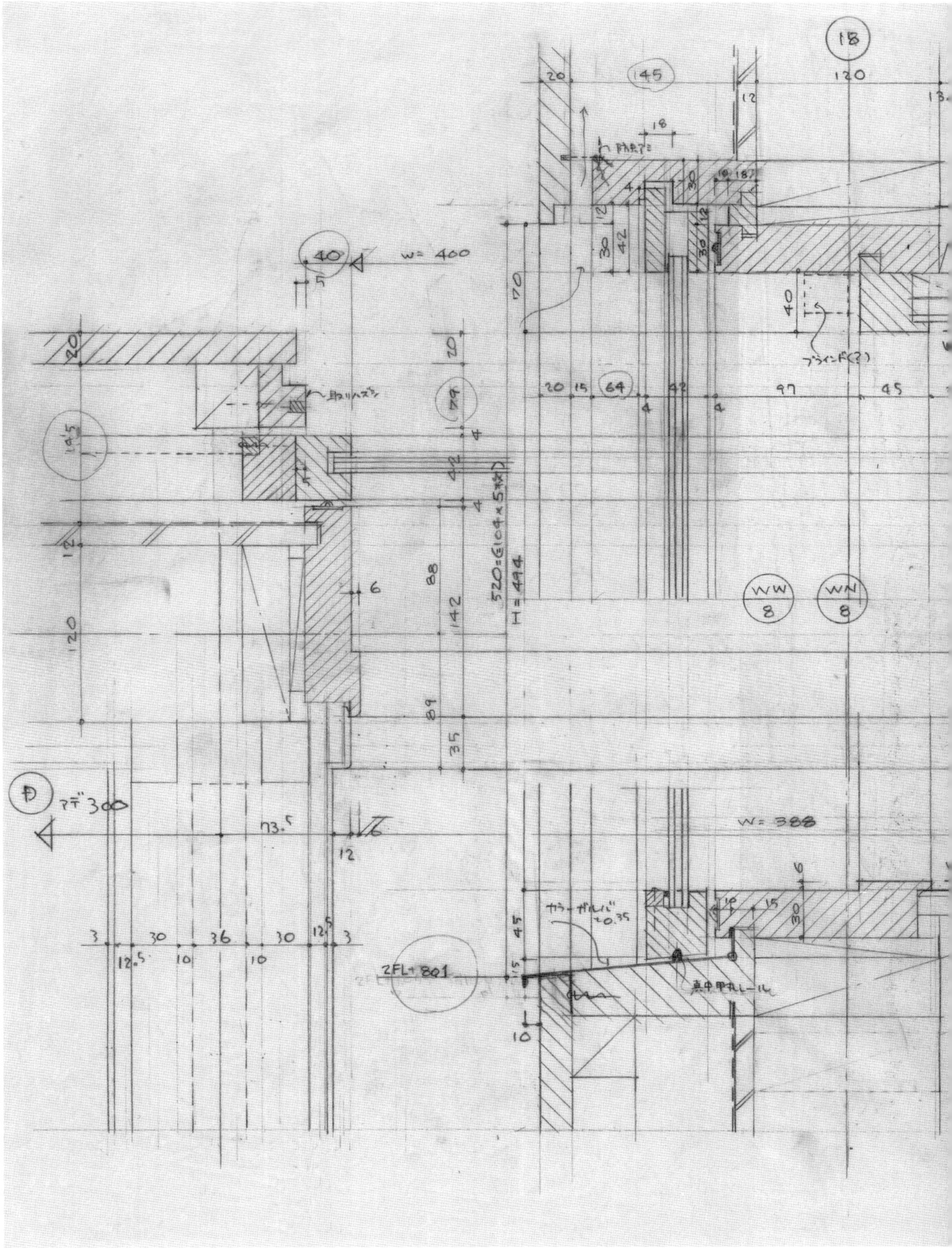

2階トイレの開口部WW-8。隠し框としている。同じく網戸が連結して出てくる。

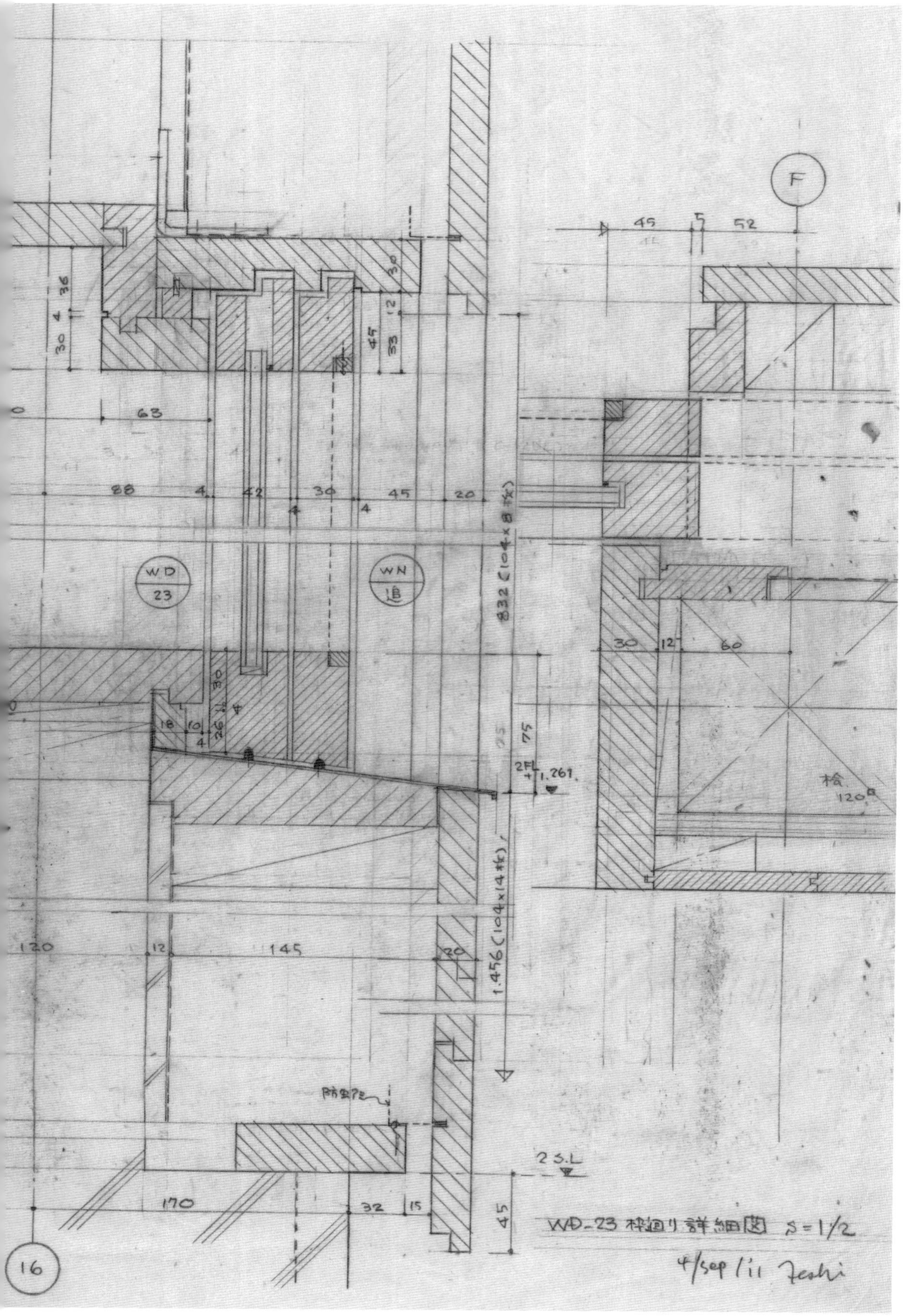

WD-23 枠廻り詳細図 S=1/2
4/sep/'11
2S.L
2FL 1.267
832 (104×8枚)
1.456 (104×14枚)
WD 23
WN 追
F
16
檜 120□

• drawings

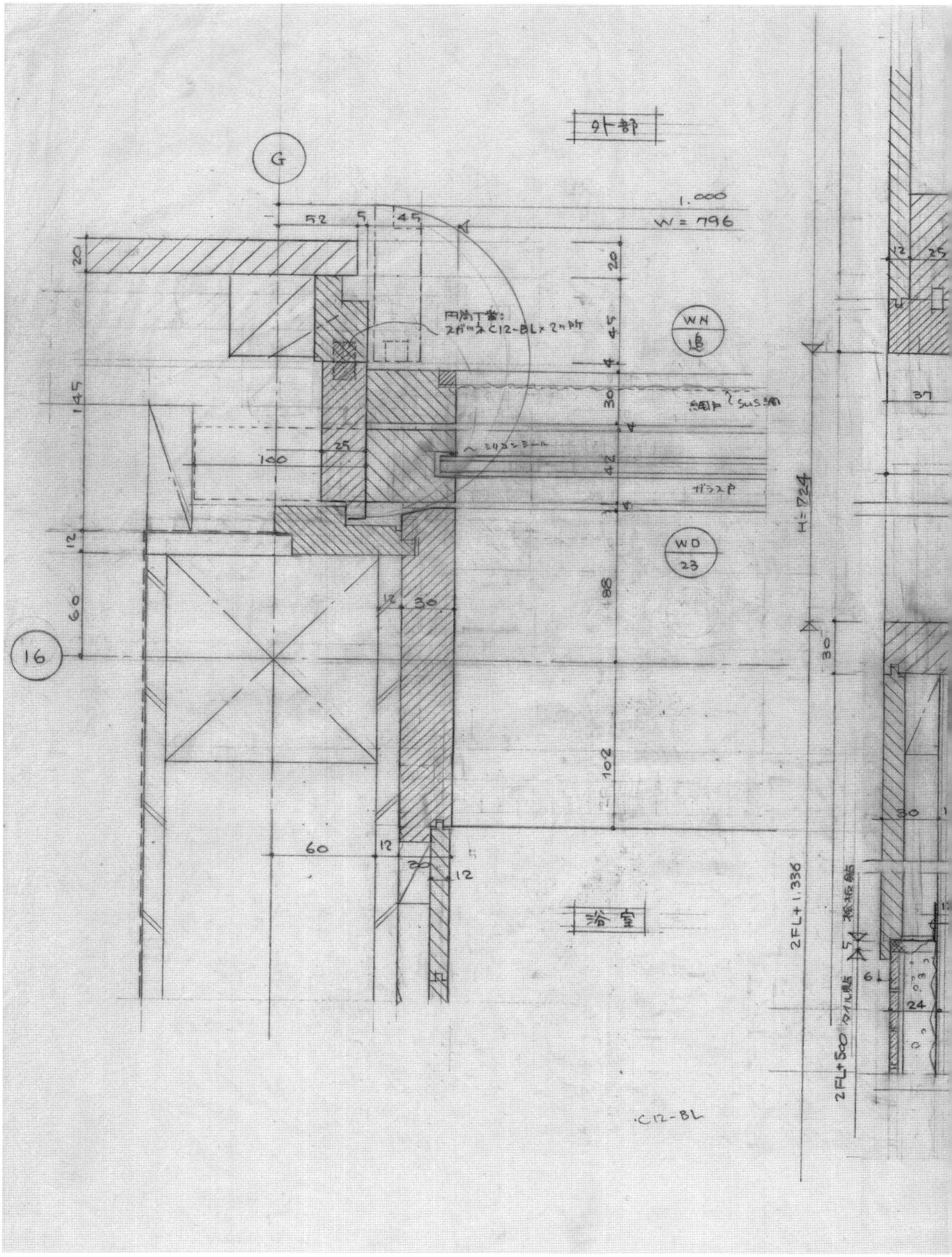

WW-23浴室開口部の枠廻り。戸先の縦枠を開けると、建具が10センチ程度壁に引き込まれ、ガラス面の内側からの掃除を可能にする。

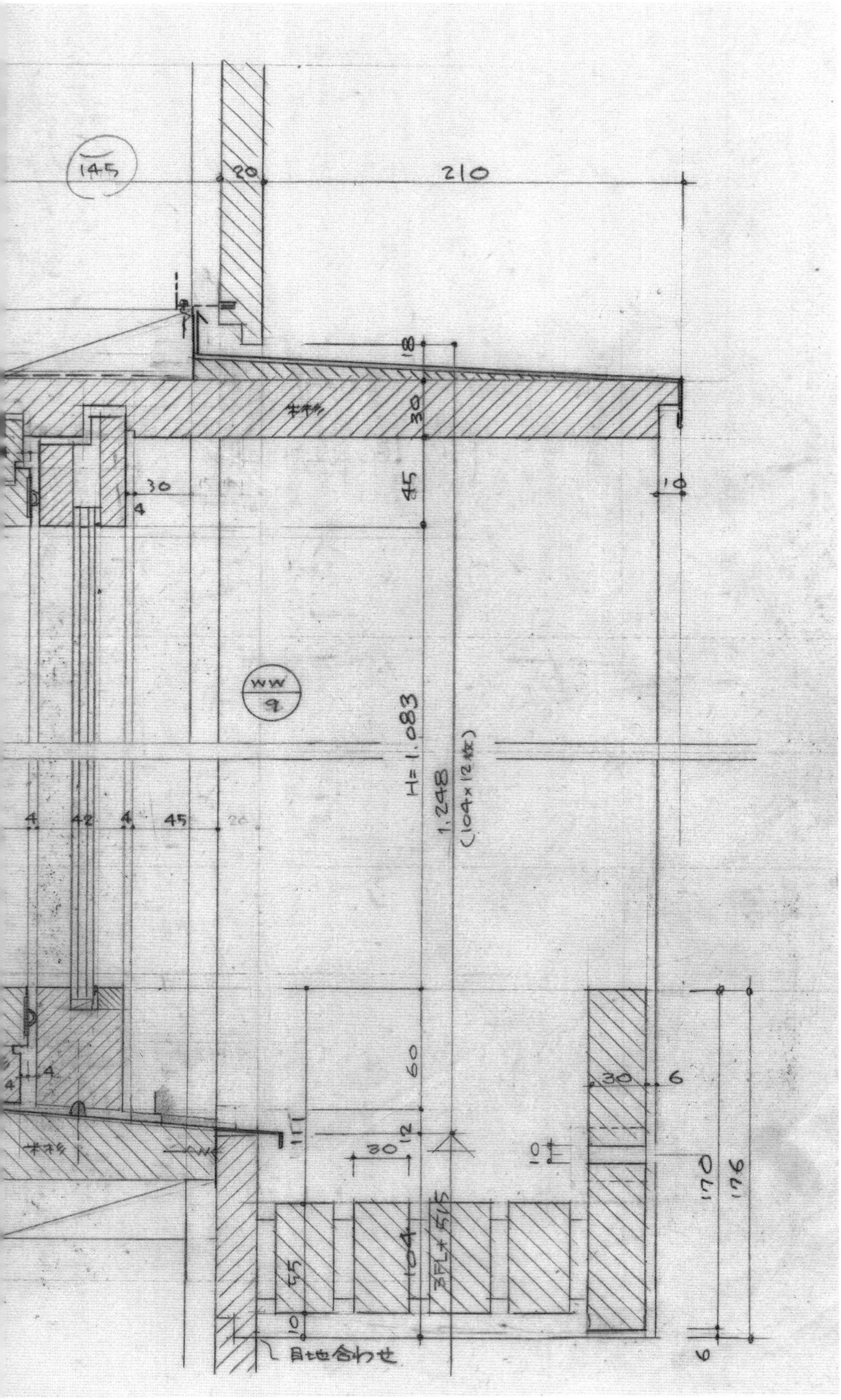
145
20
210
H=1,083
1,248
(104×12枚)
WW
9
3FL+515
目地合わせ

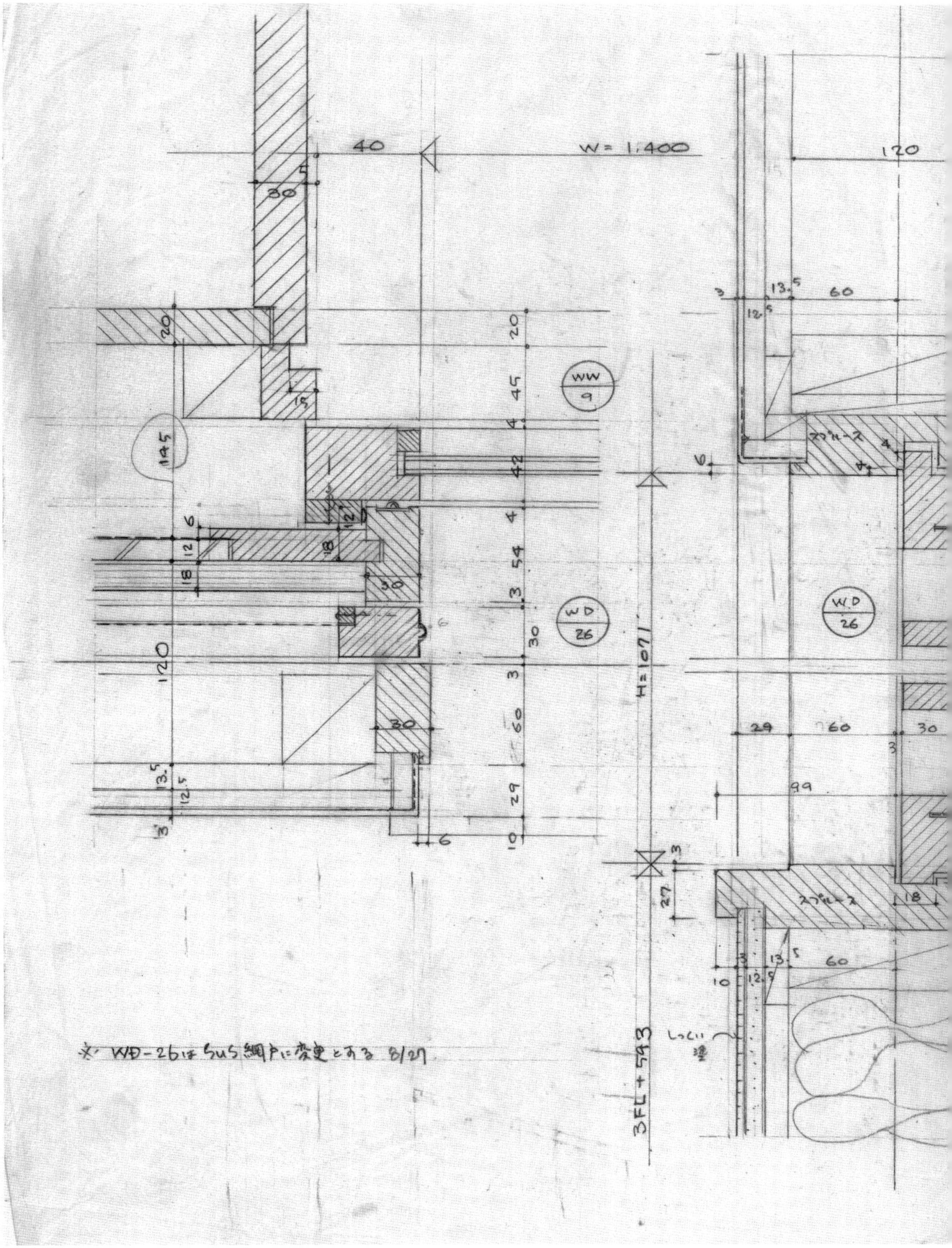

3階の開口部WW-9は両開きで、非常用の侵入口でもある。ガラス窓の内側に格子付きの網戸を設えている。

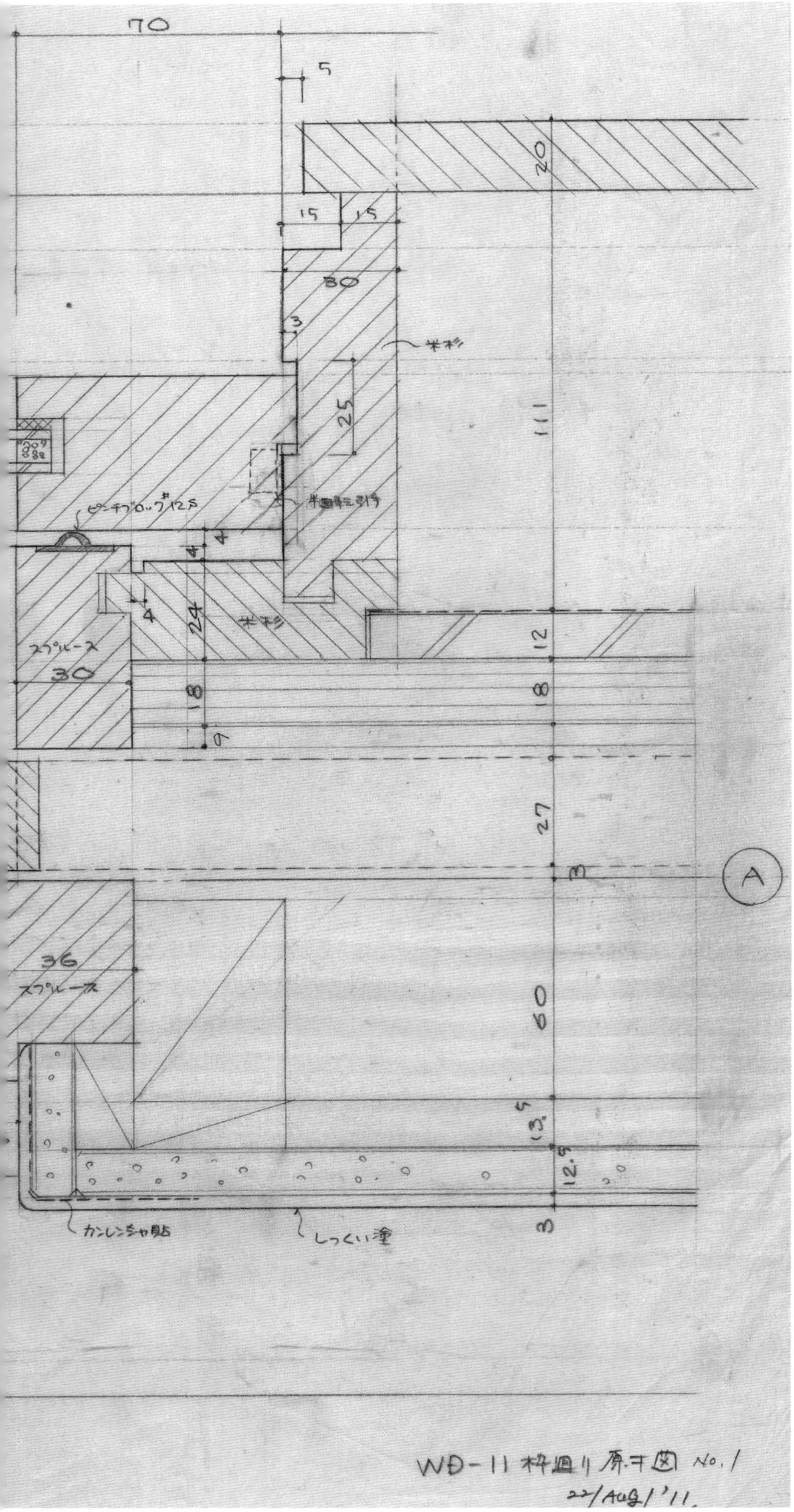

米杉
ピンチブロック#12.5
半回転引手
米杉
スプルース
スプルース
カンレンシャ貼
しっくい塗
WD-11 枠廻り原寸図 No.1
22/AUG/'11.

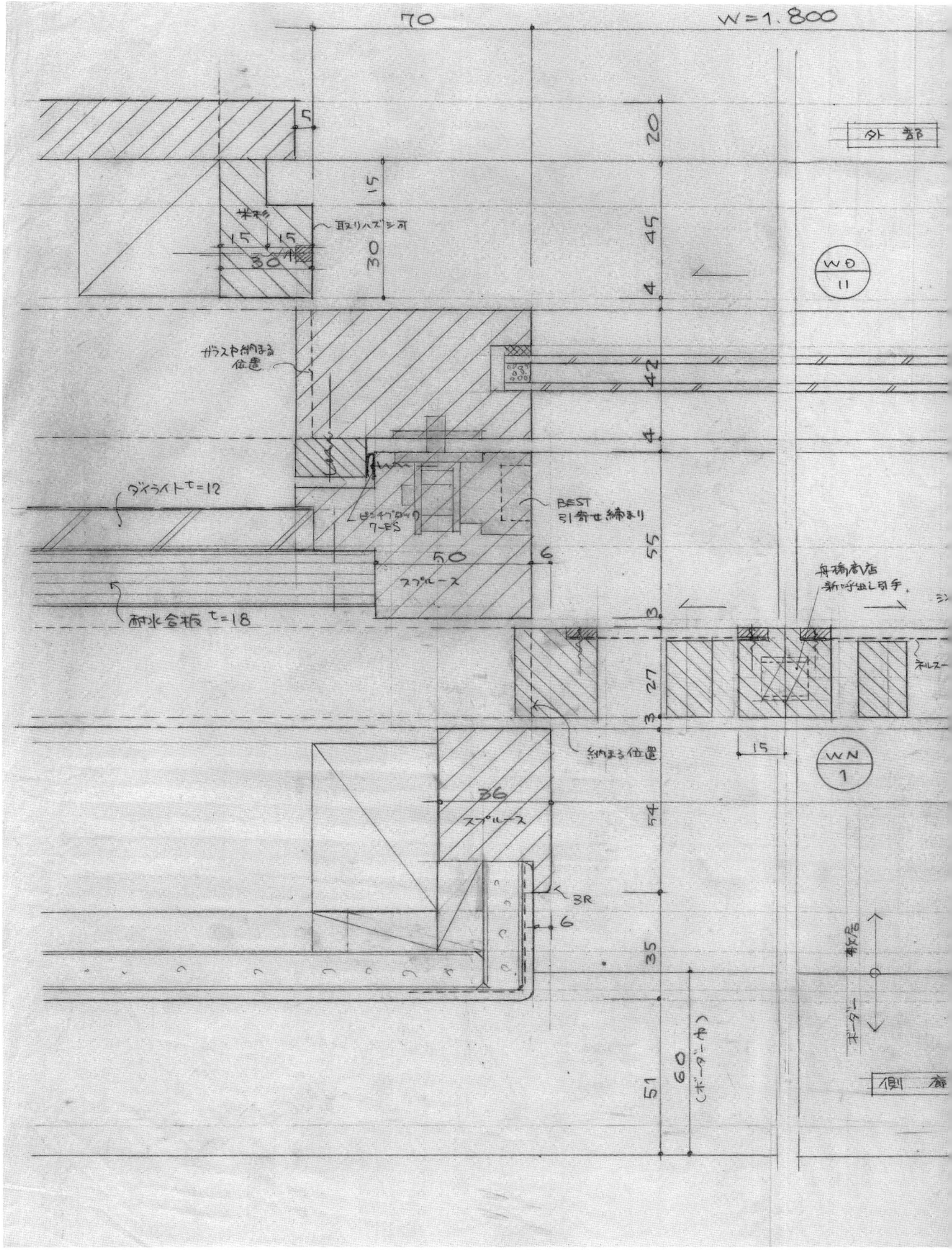

2階側廊開口部の原寸図。「WD」となっているのは、当初板戸だったから。施工中にガラス戸に変更した。現場に通うとさまざまな微差が見えてくるので、その都度変更を加えていく。内側には防犯を考慮した通気性のある布を張った格子戸を付けた。

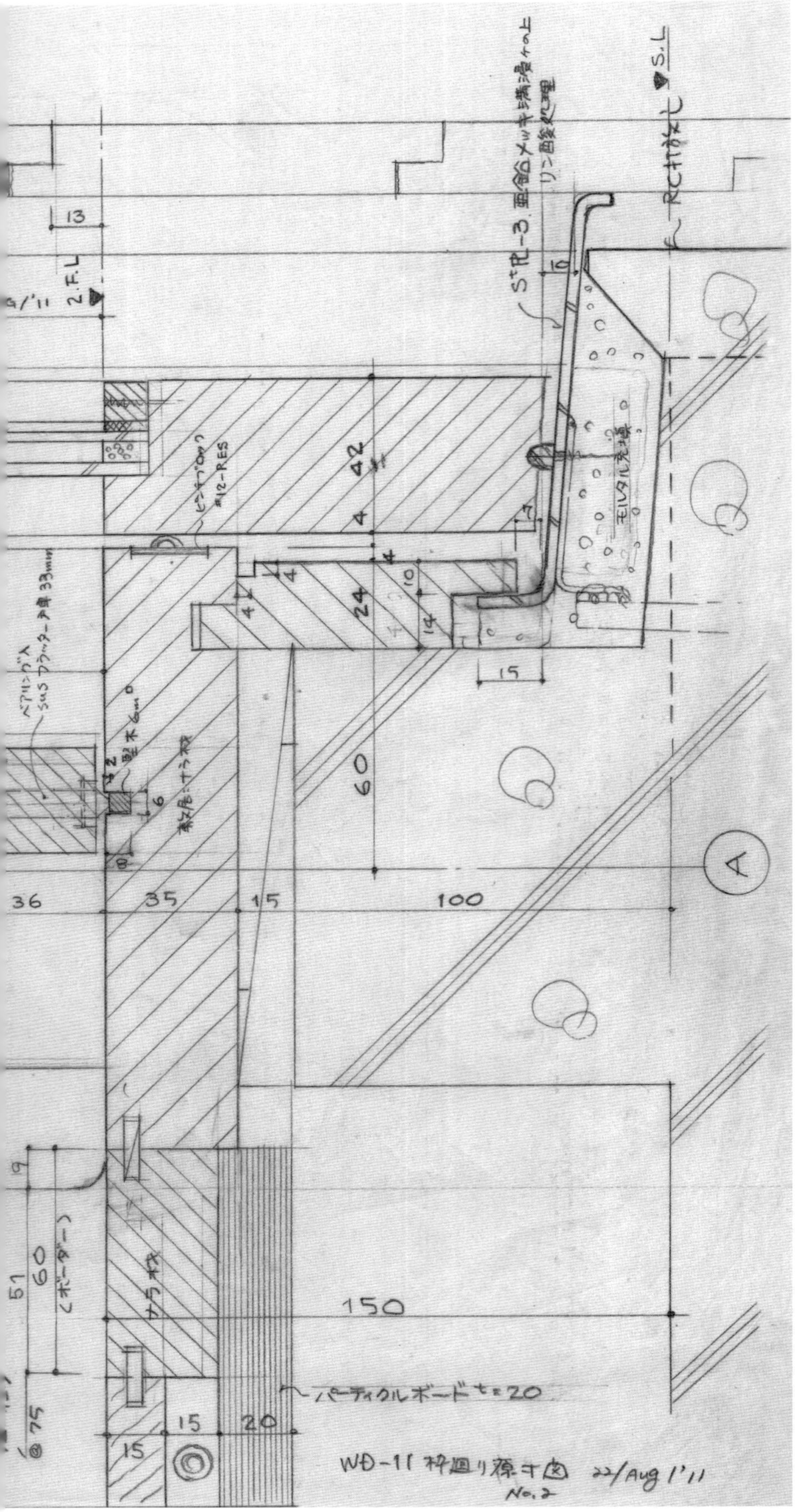
RC打放し
S.L
2.F.L
モルタル充填
パーティクルボード t=20
WD-11 枠廻り原寸図 22/Aug 1'11
No.2

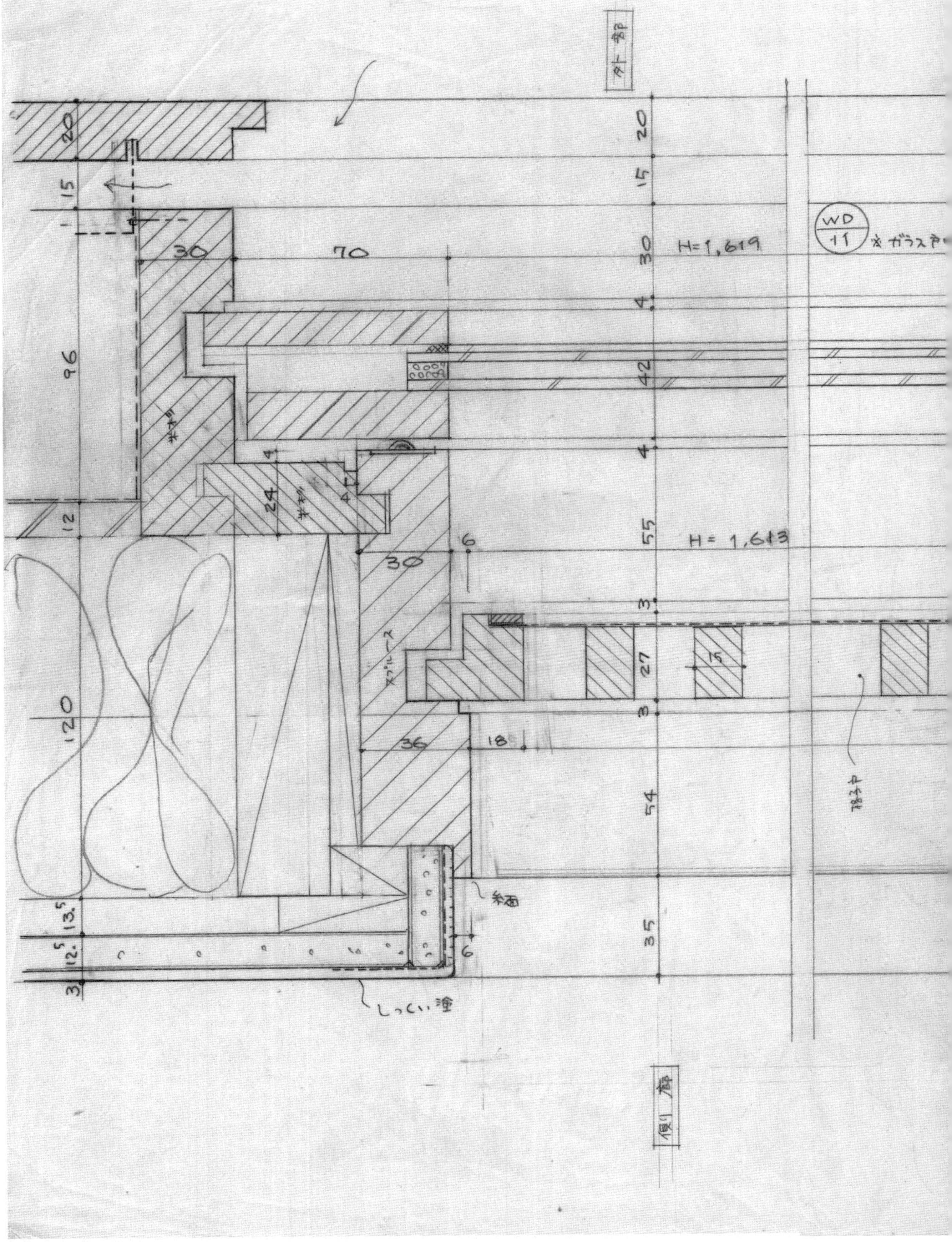

WD-11 の原寸断面図。搬入口でもあるため、重い物がぶつかっても膳板が潰れないようにメッキ鋼板とした。

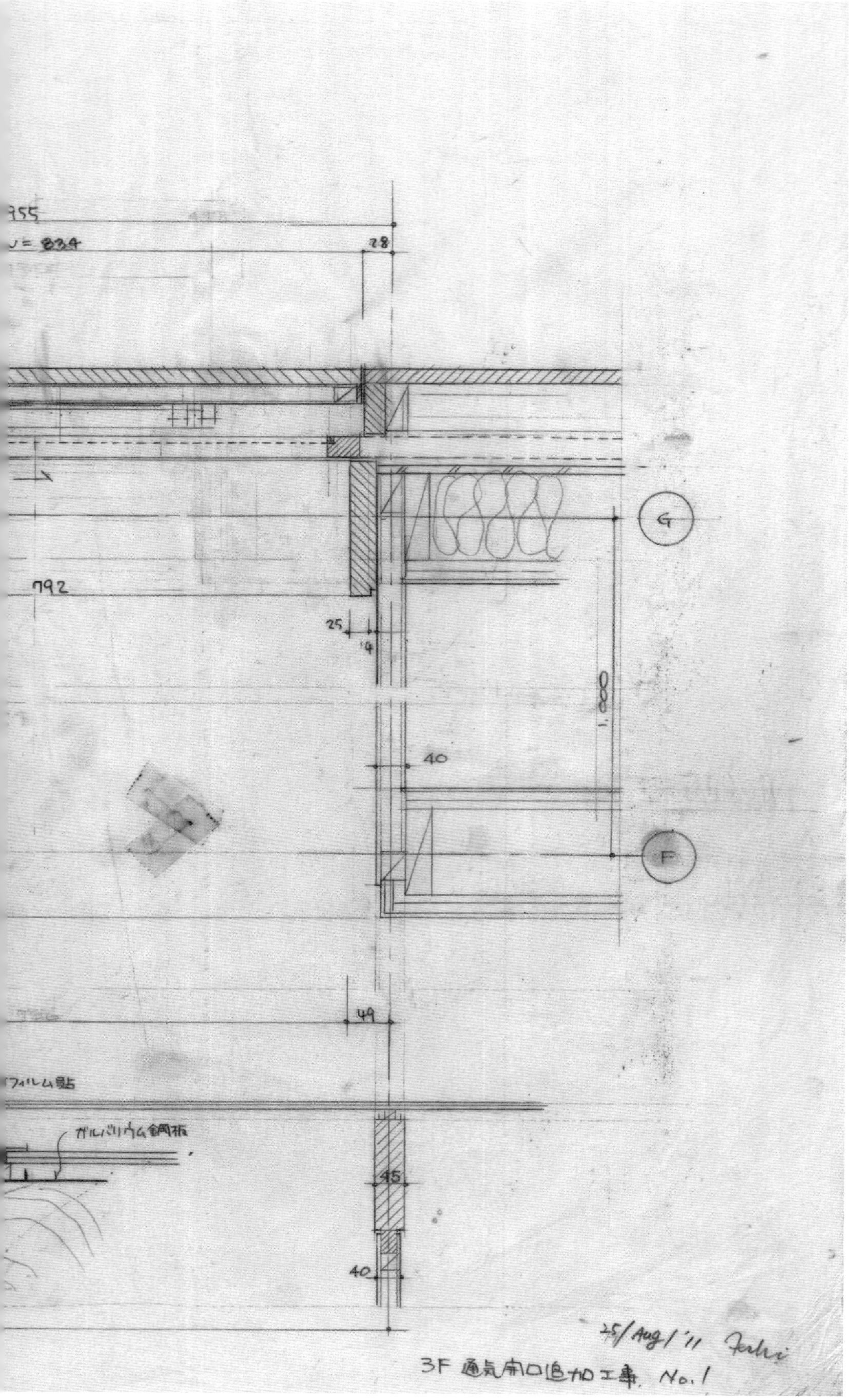
755
834
28
792
25
4
G
1,800
40
F
49
フィルム貼
ガルバリウム鋼板
45
40
25/Aug/'11
3F 通気窓口追加工事. No.1

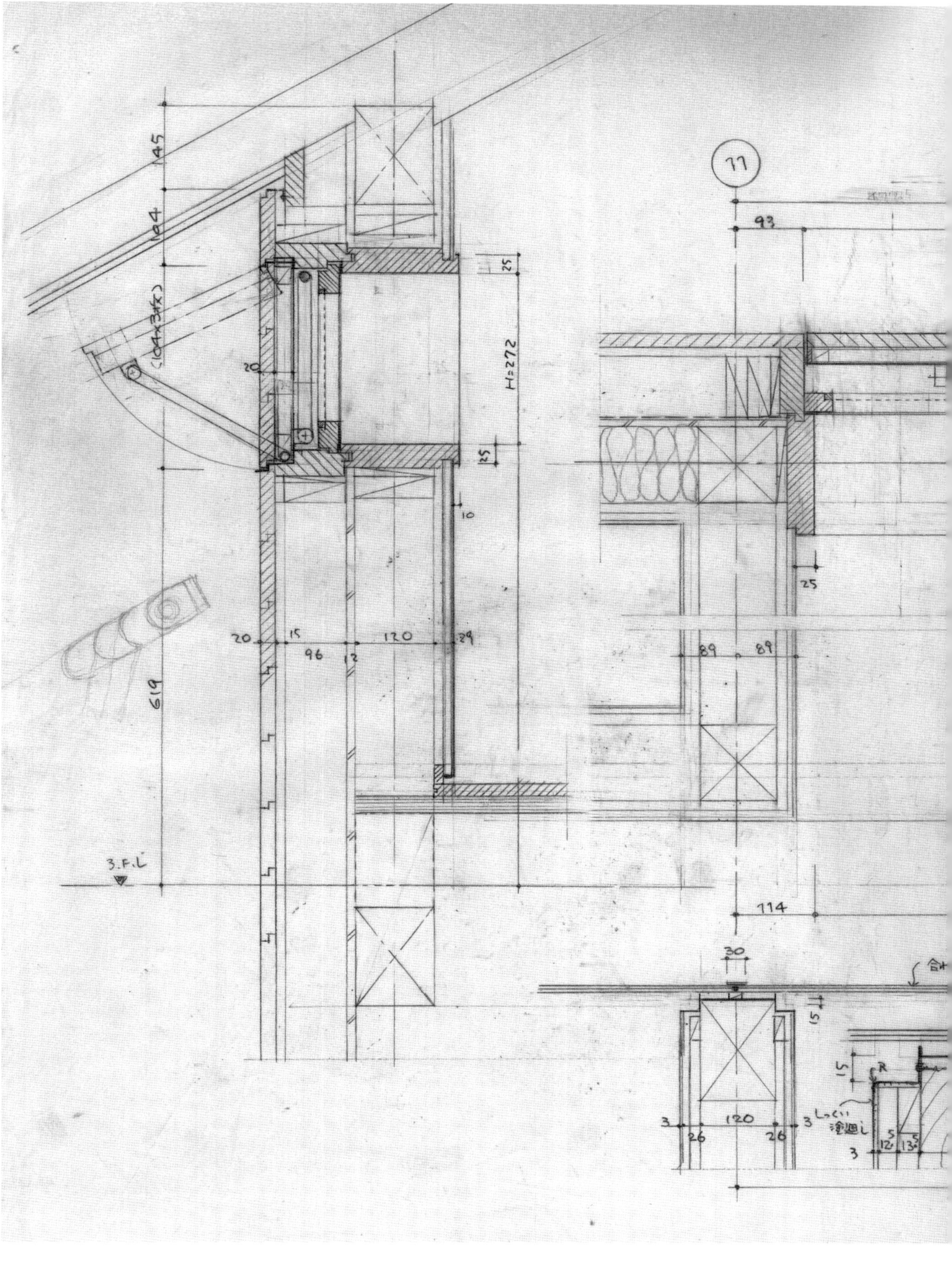

棟梁の提案により、追加で付けたオーニング開口部の内側には網戸を設えた（3階）。

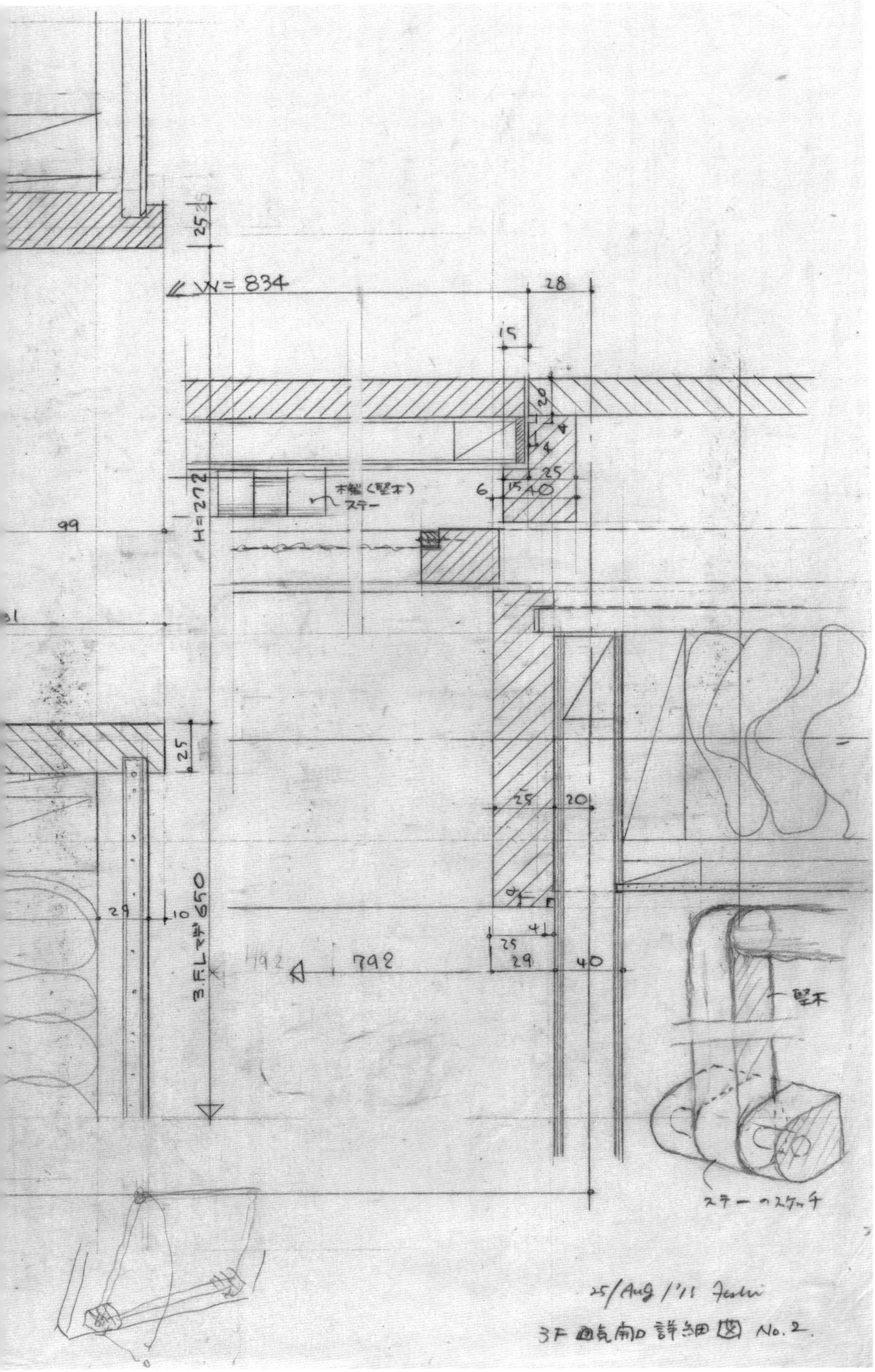

W=834
H=272
木製(堅木)
ステー
3.FLマデ650
792
堅木
ステーのスケッチ
25/Aug/'11
3F 換気開口詳細図 No. 2.

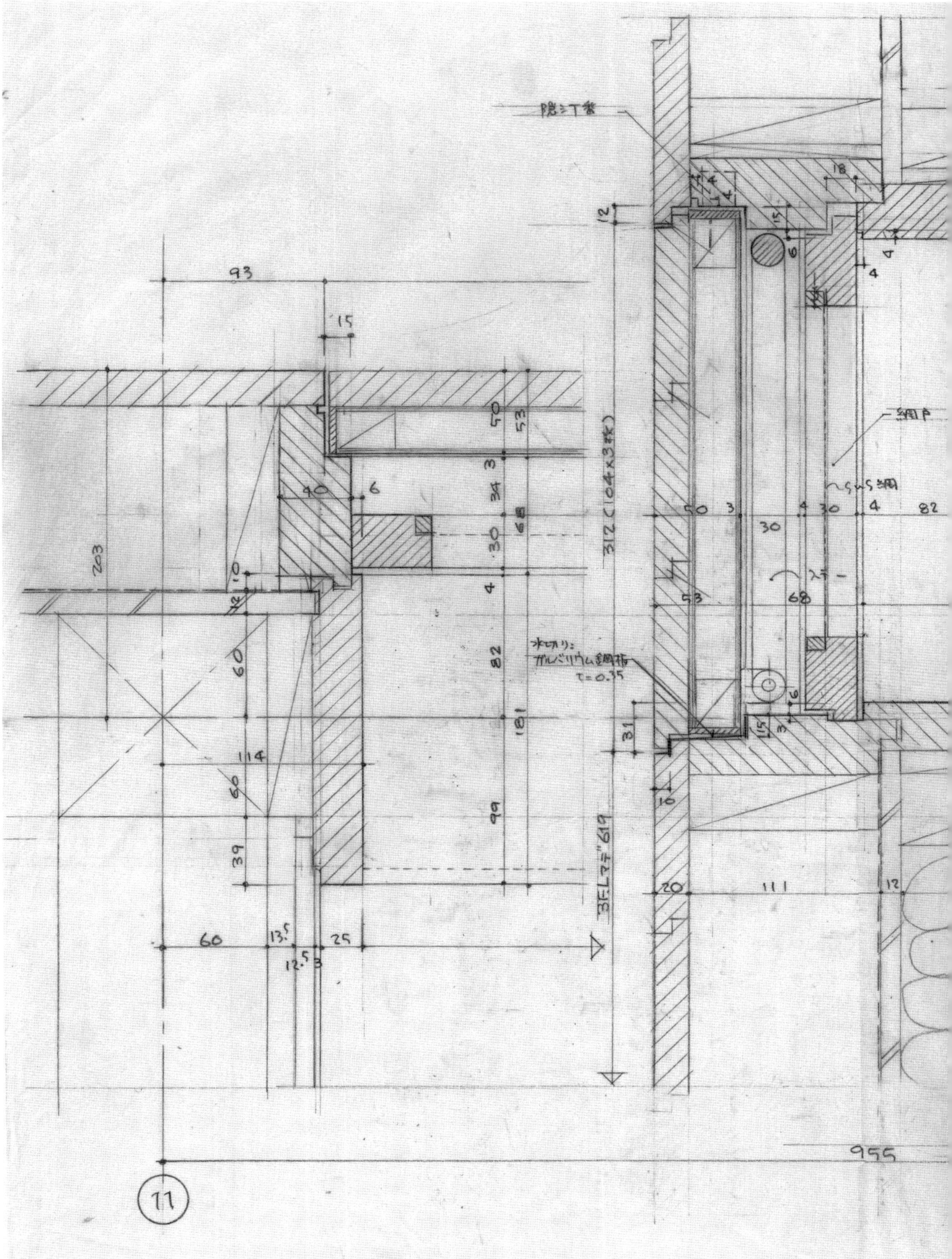
水切り：
ガルバリウム鋼板
t=0.35
SUS網
ステー
312(104×3枚)
3FLマデ619
955
11

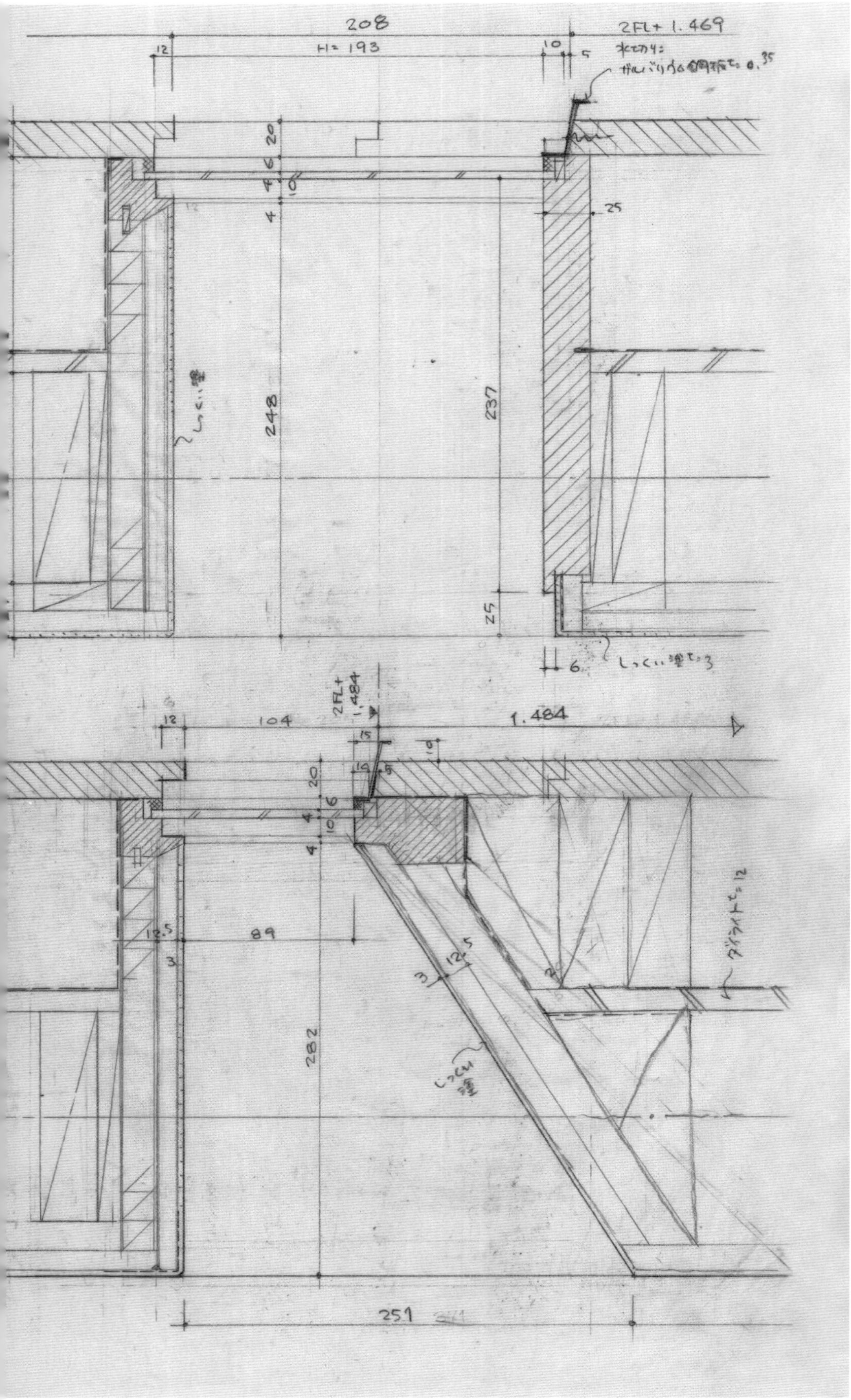

208
H=193
2FL+1.469
水切り：
ガルバリウム鋼板t=0.35
248
237
しっくい壁
しっくい壁t=3
2FL+1.484
104
1.484
89
282
しっくい壁
ダイライトt=12
251

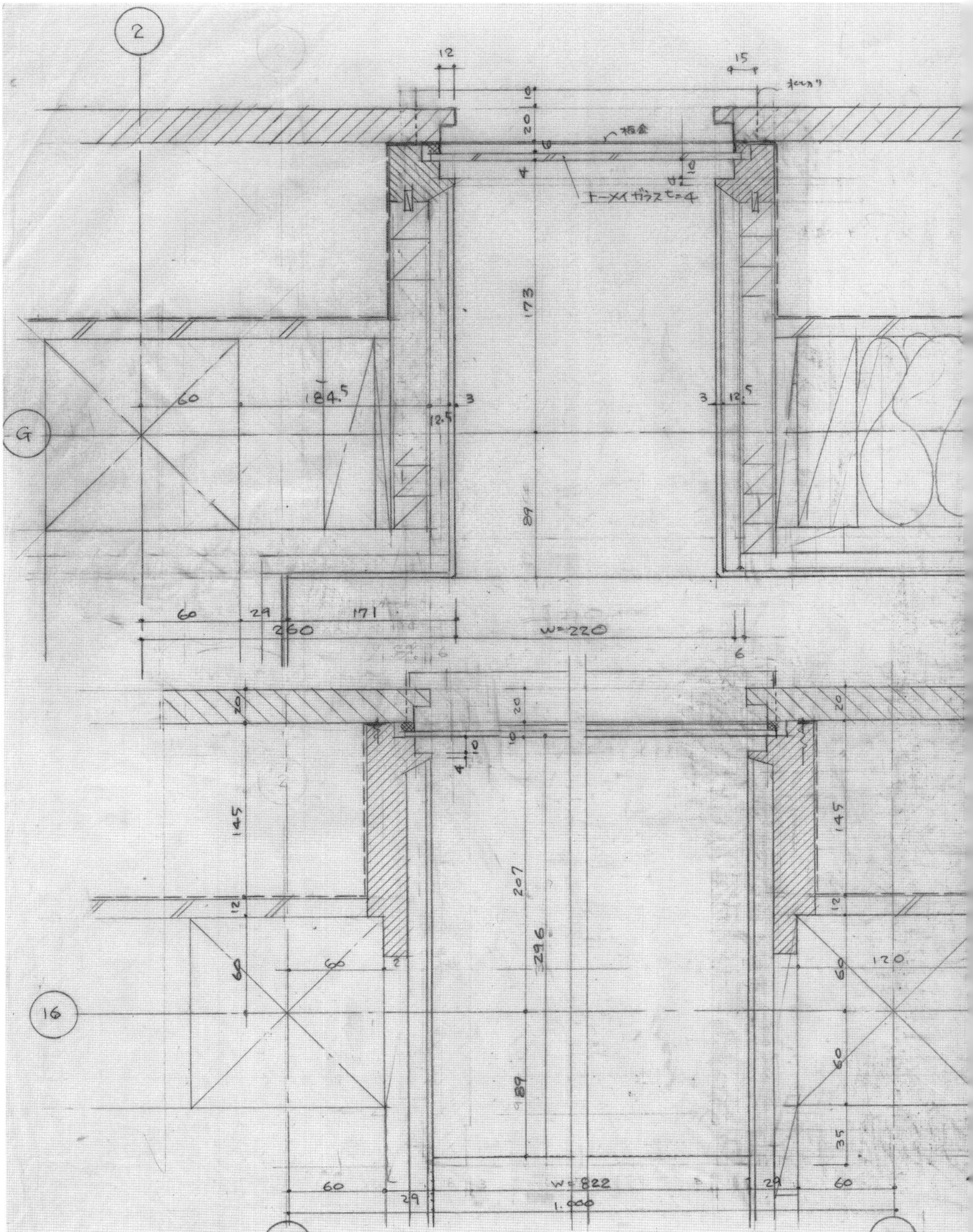

追加で付けた昼間に通りをのぞむ小窓。ガラスの取合い部分を壁面より一段下げ、外の景色がきれいに見えるように考えた。

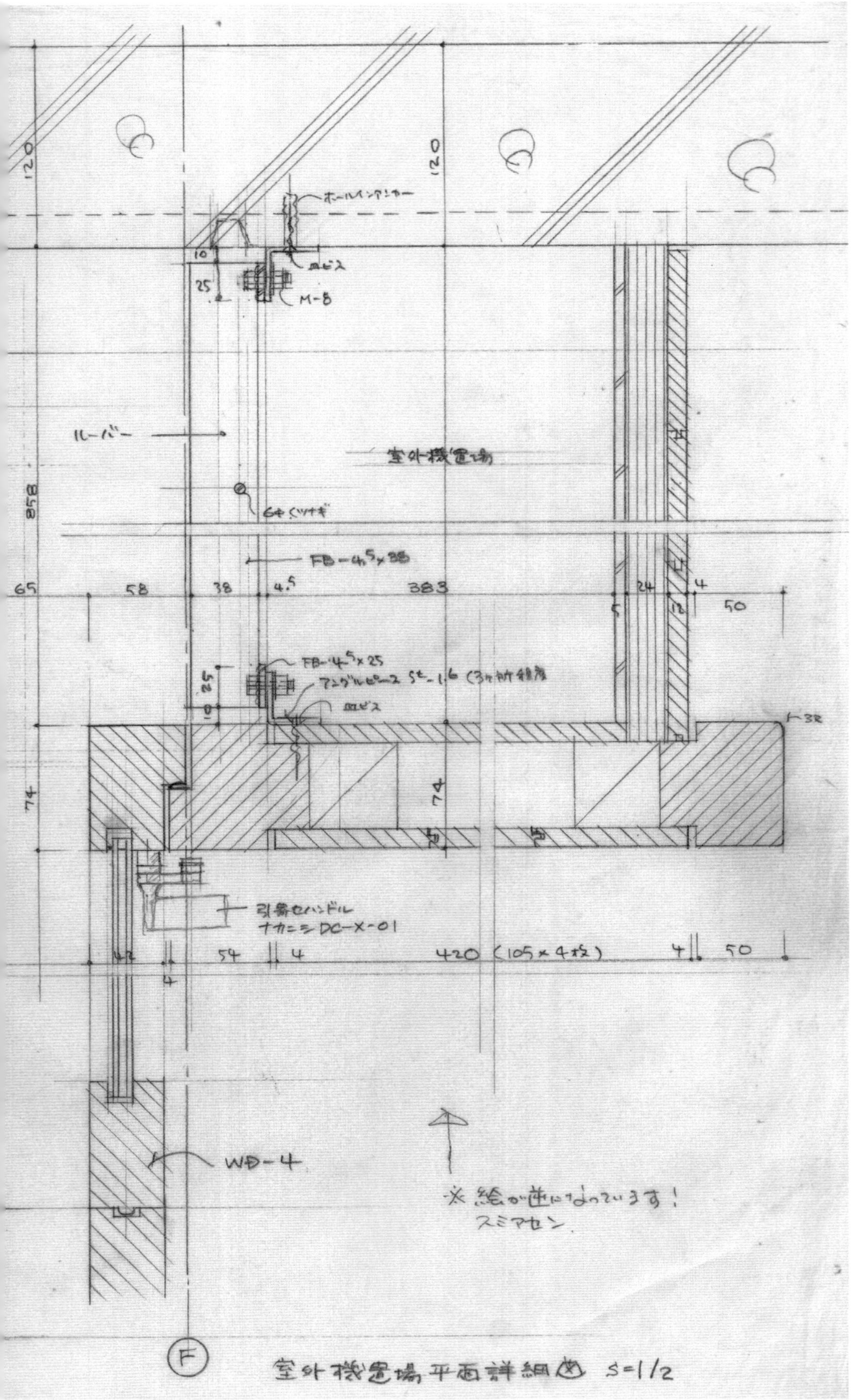
ホールインアンカー
皿ビス
M-8
ルーバー
室外機置場
FB-4.5×38
FB-4.5×25
アングルピース St-1.6（3ヶ所程度）
皿ビス
引寄せハンドル
ナカニシ DC-X-01
420（105×4枚）
WD-4
※絵が逆になっています！
スミマセン
室外機置場平面詳細図 S=1/2

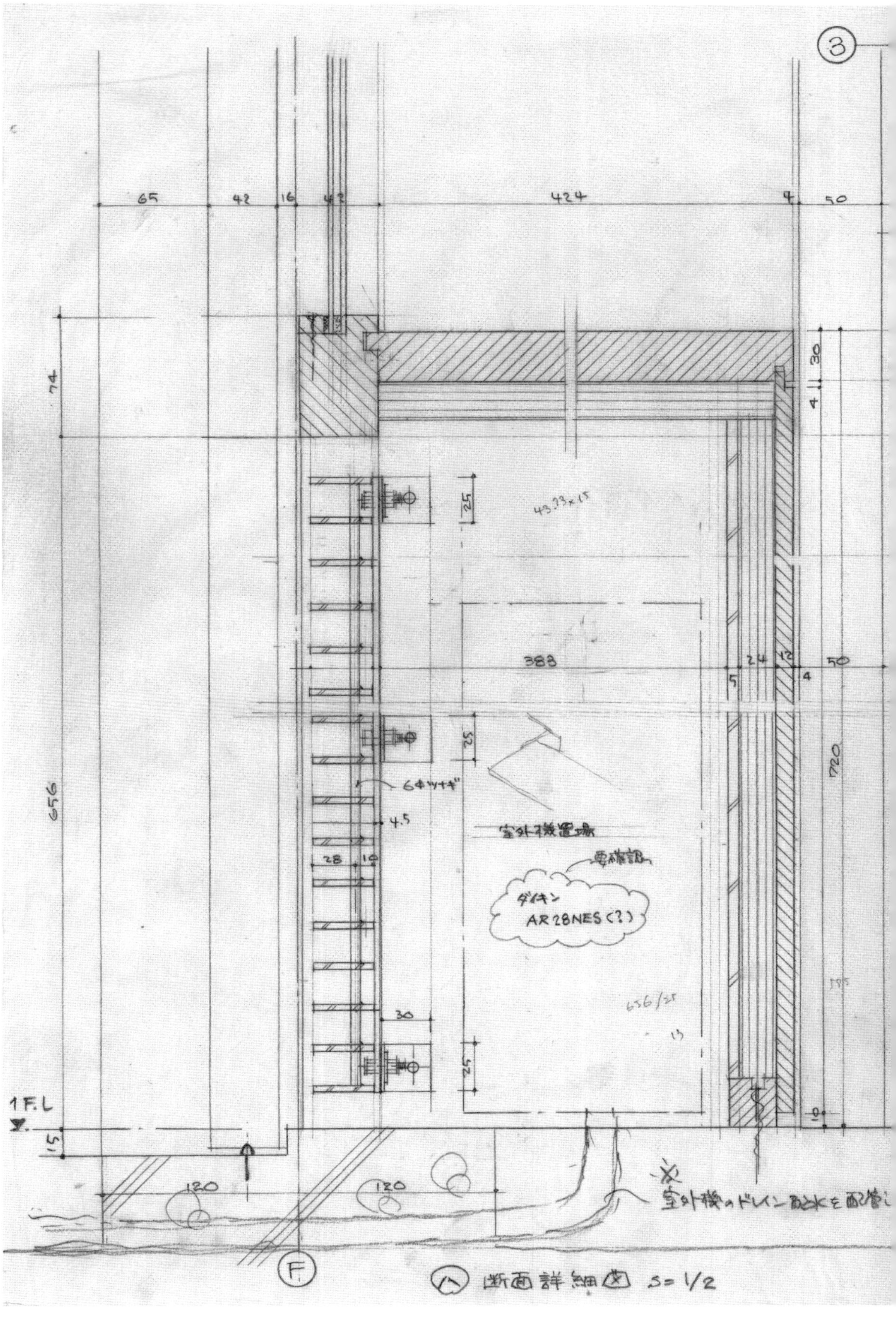

工房の室外機の納めである。目地やチリのとり方によってモノの見え方は随分と変わるものだ。

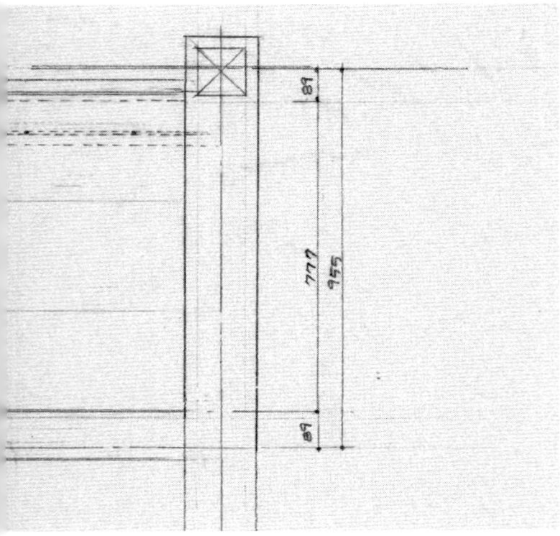

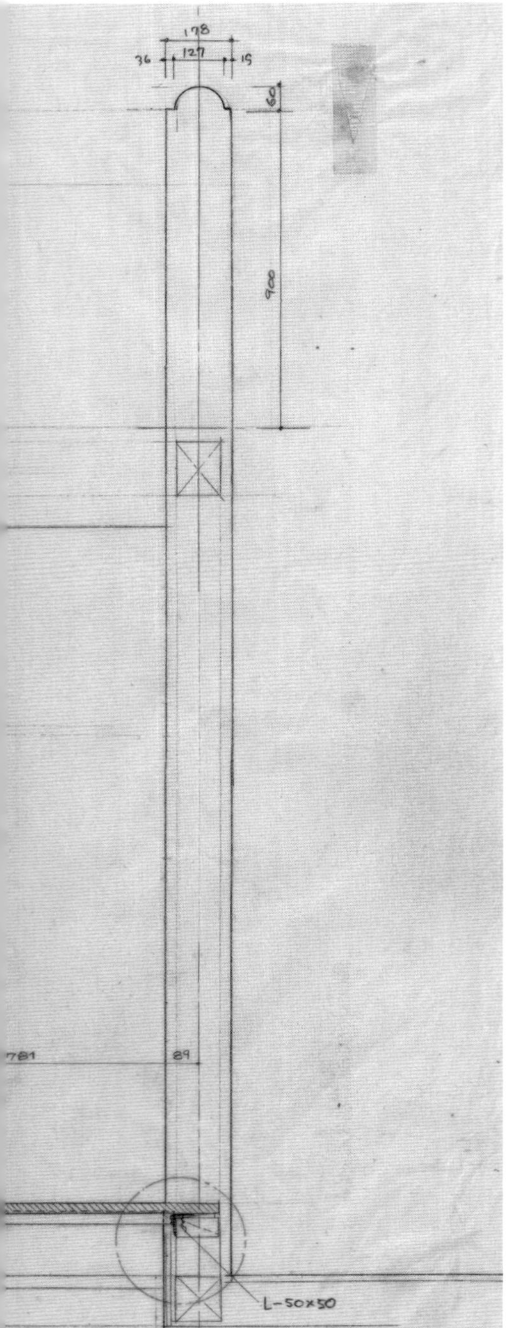

2～3階の吊り階段立面図。吊り材は丸鋼12 ϕ。
子どもが小さかったので柵を兼ねている。

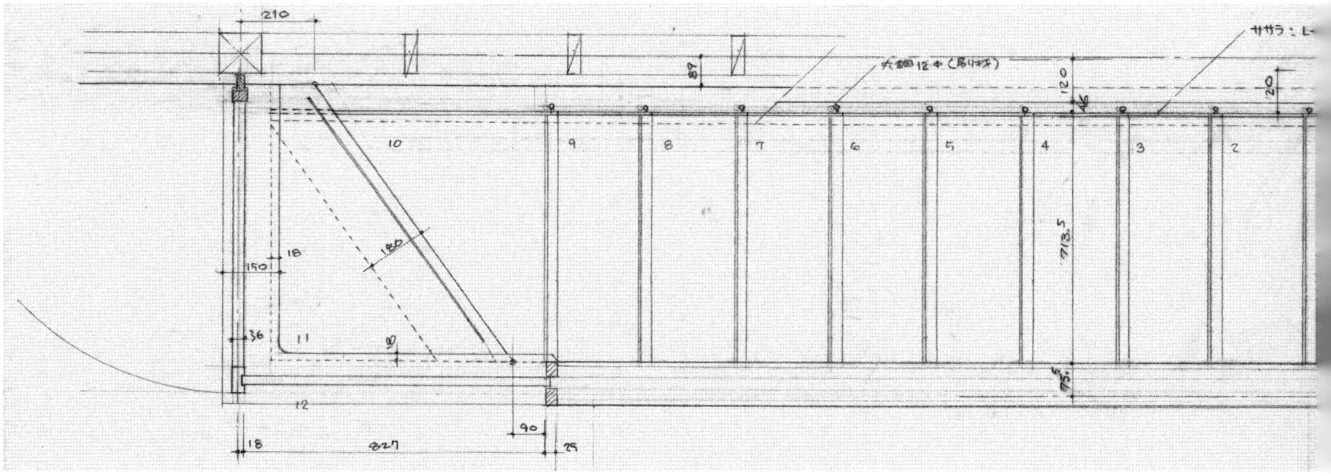
210
丸鋼12φ（吊り材）
ササラ：L-
120
20
89
16
10
9
8
7
6
5
4
3
2
180
150
18
36
11
10
713.5
75.5
12
18
827
90
25

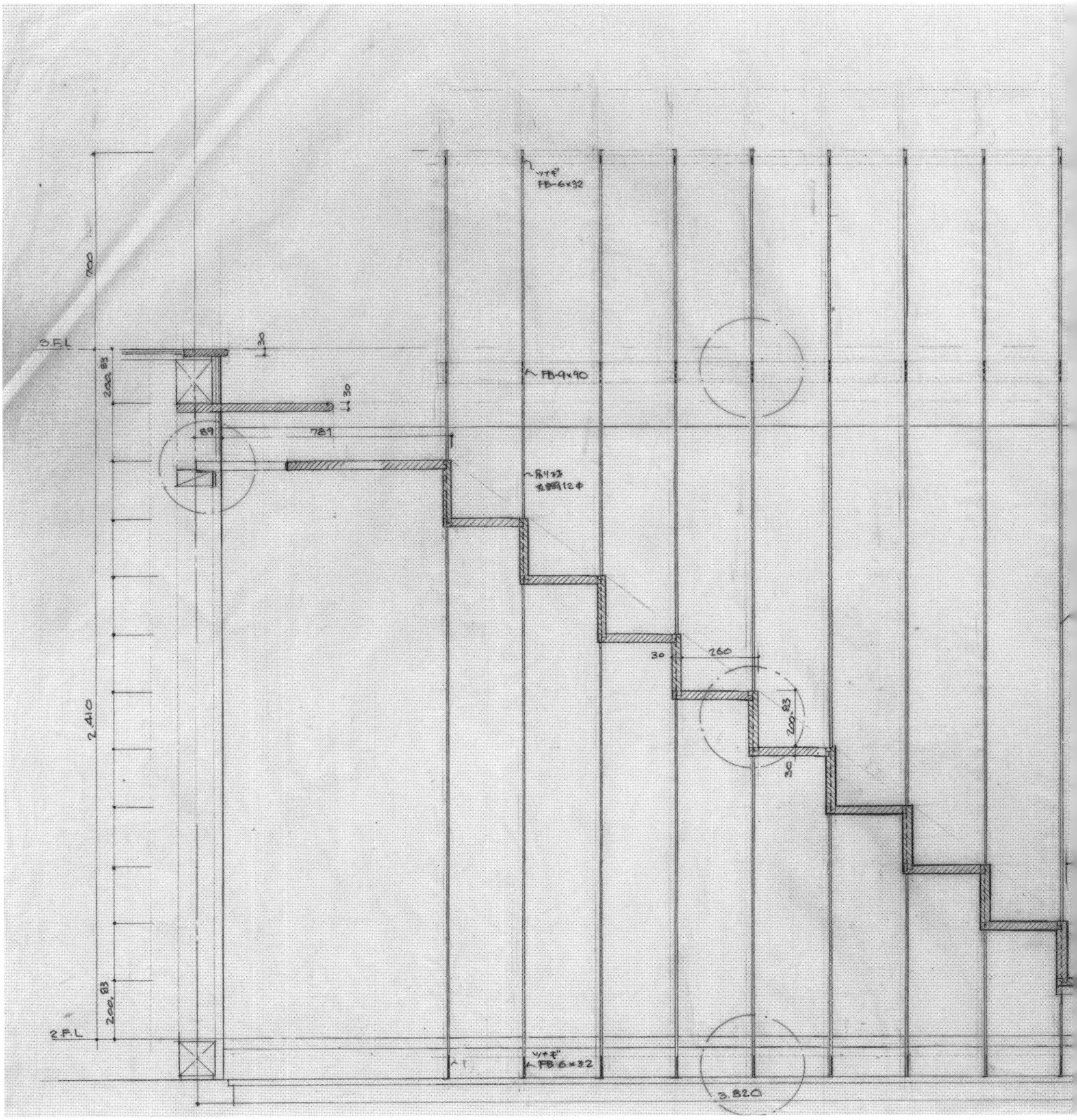
ツナギ
FB-6×32
700
3.F.L
30
FB-9×90
200.83
30
89
781
吊り材
丸鋼12φ
30
260
200.83
30
2.410
200.83
2.F.L
ツナギ
FB-6×32
3.820

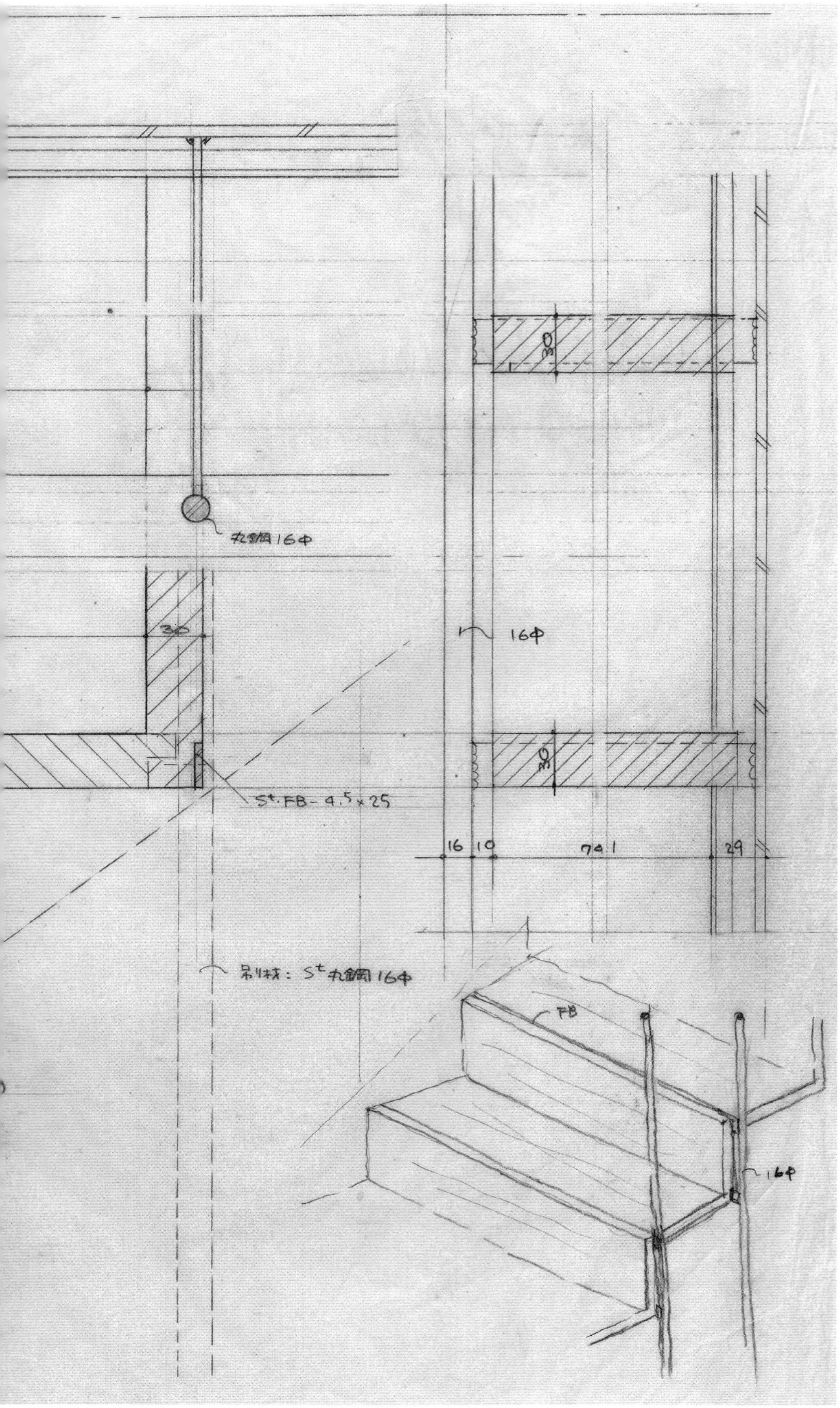
丸鋼16φ
30
16φ
St.FB-4.5×25
16
10
791
29
吊り材：St丸鋼16φ
FB
16φ

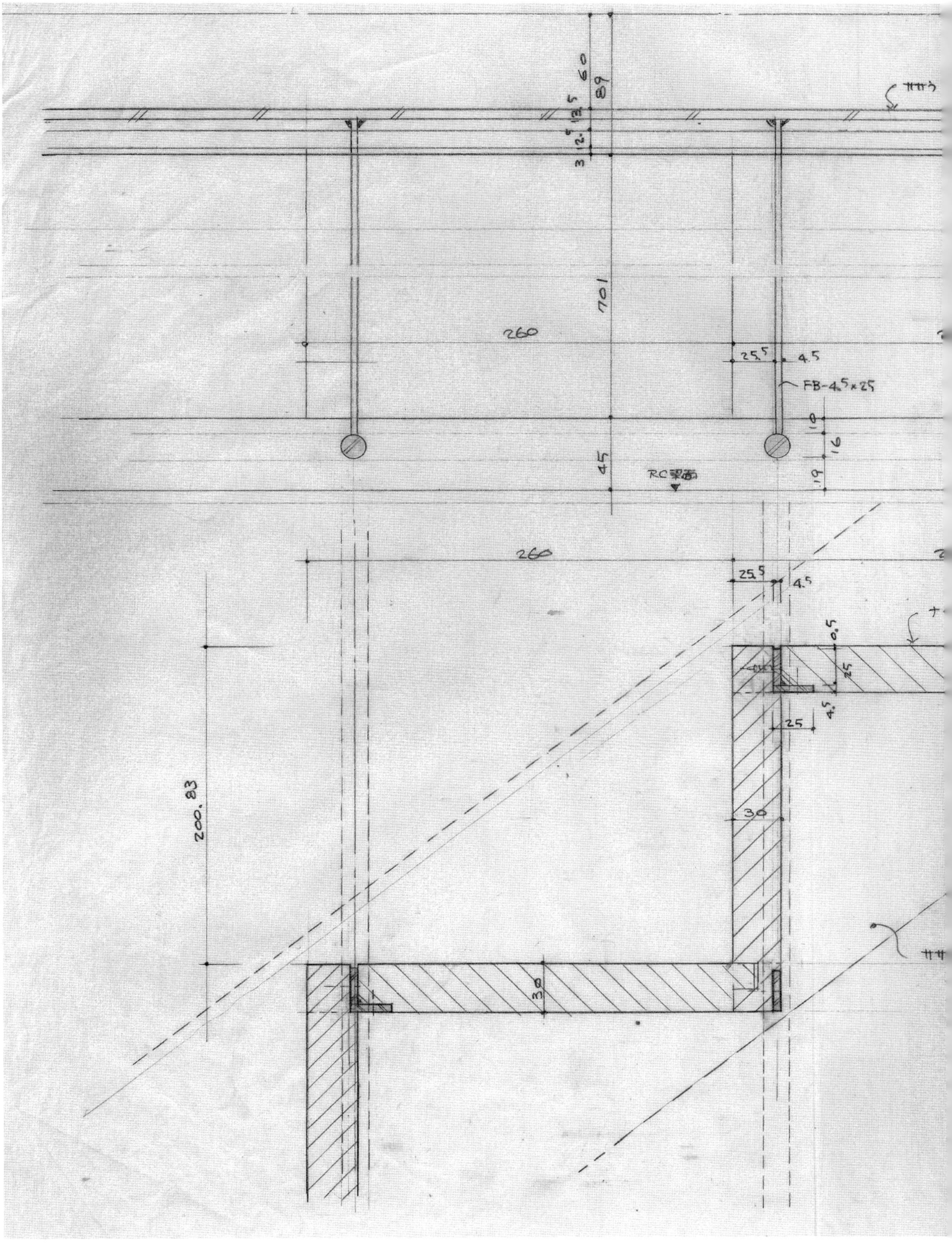

2～3階の階段詳細の検討図。蹴上板と段板のジョイント鋼材をノンスリップ目地に利用していた。

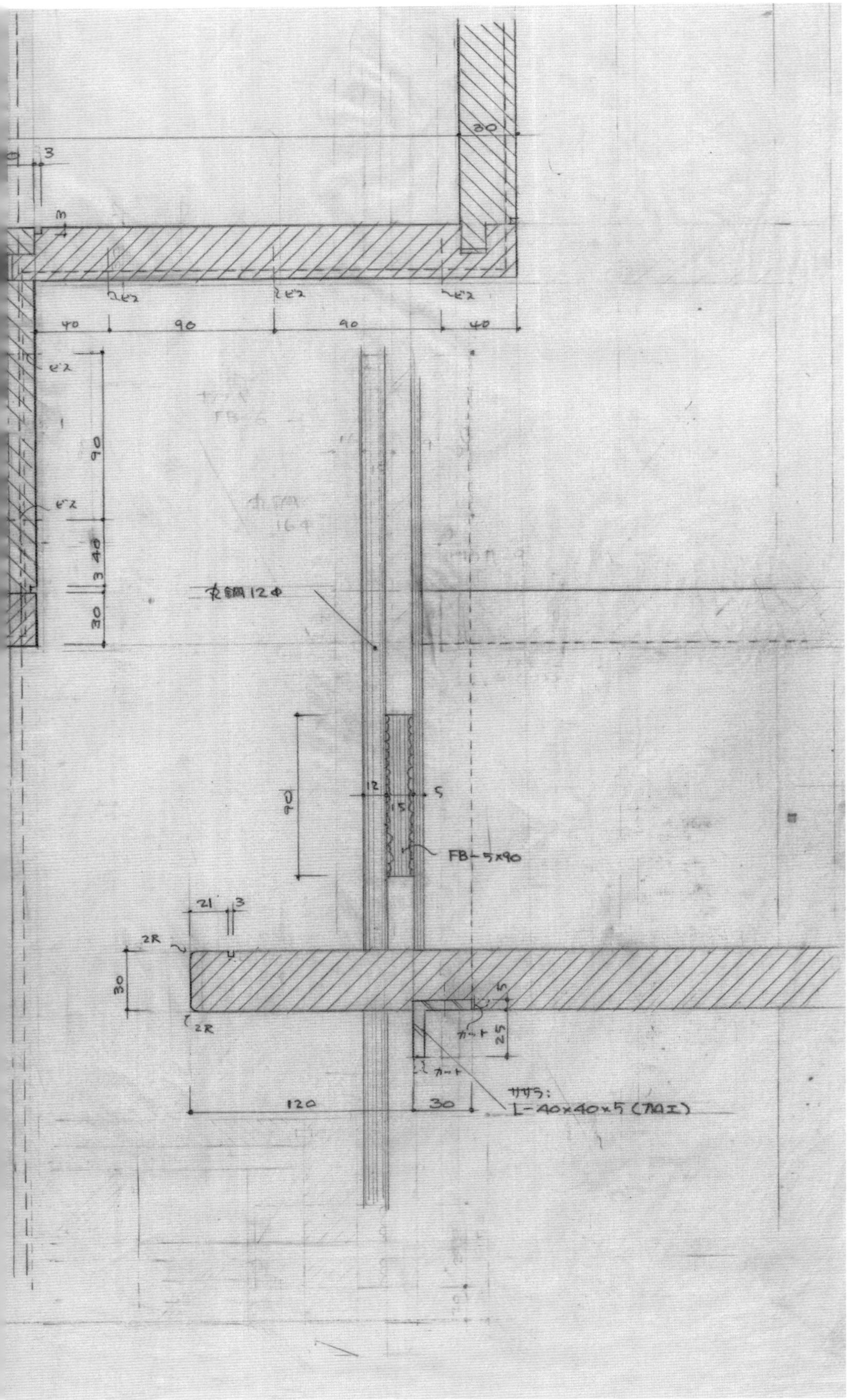
丸鋼12Φ
FB-5×90
カット
ササラ:
L-40×40×5 (加工)

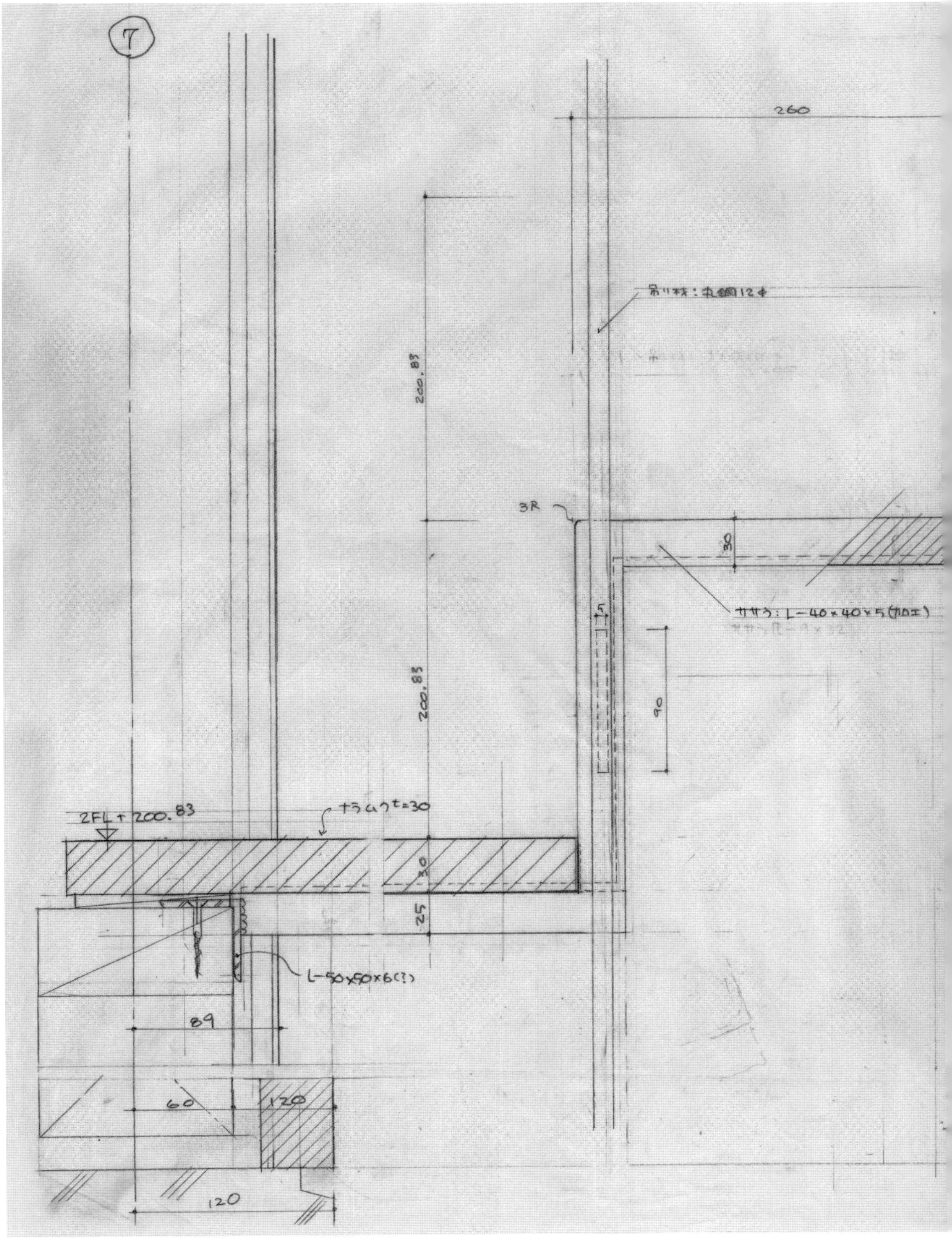

2～3階の階段決定図。結局、等辺山形鋼を加工したイナズマ型のササラ桁を製作し、蹴上板と段板をあらかじめ木組みして固定したのでスムーズに完成した。

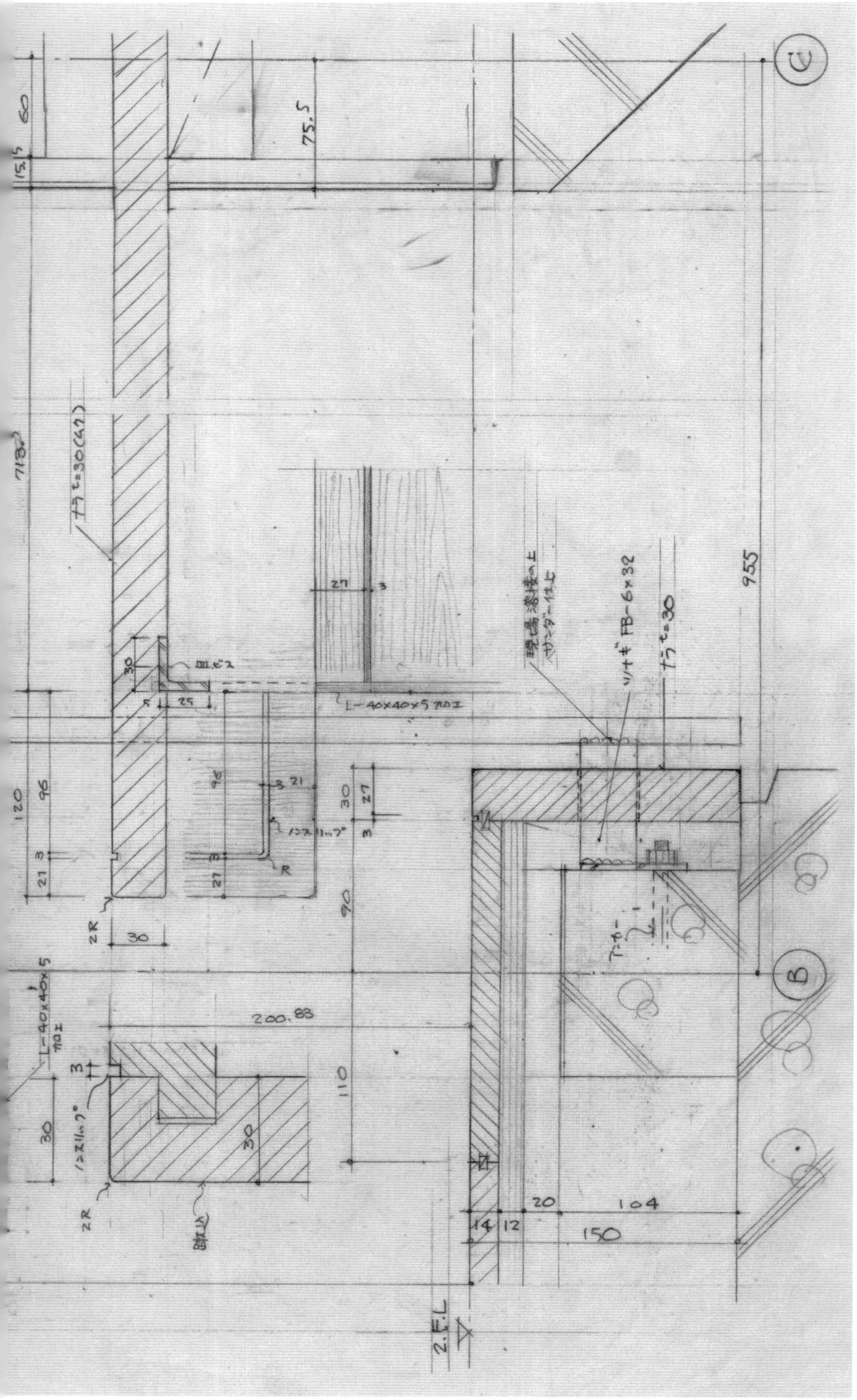

955
200.88
FB-6×32
2.F.L
104
150

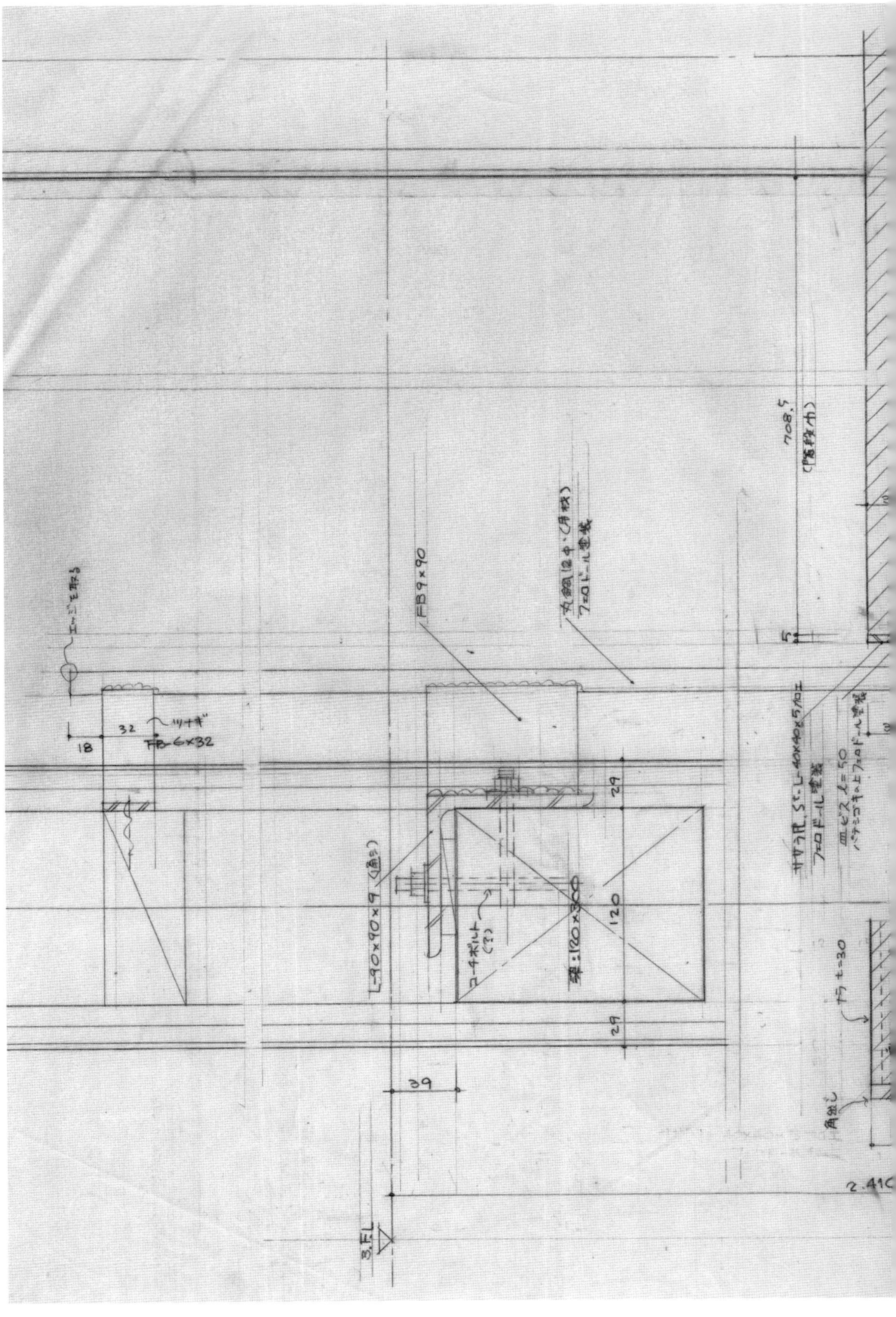

階段の吊り材のディテール。頂部梁材に載せかけて固定し、エンド部分は、先行してブラケットの取付け板を付けた後で吊材を溶接。

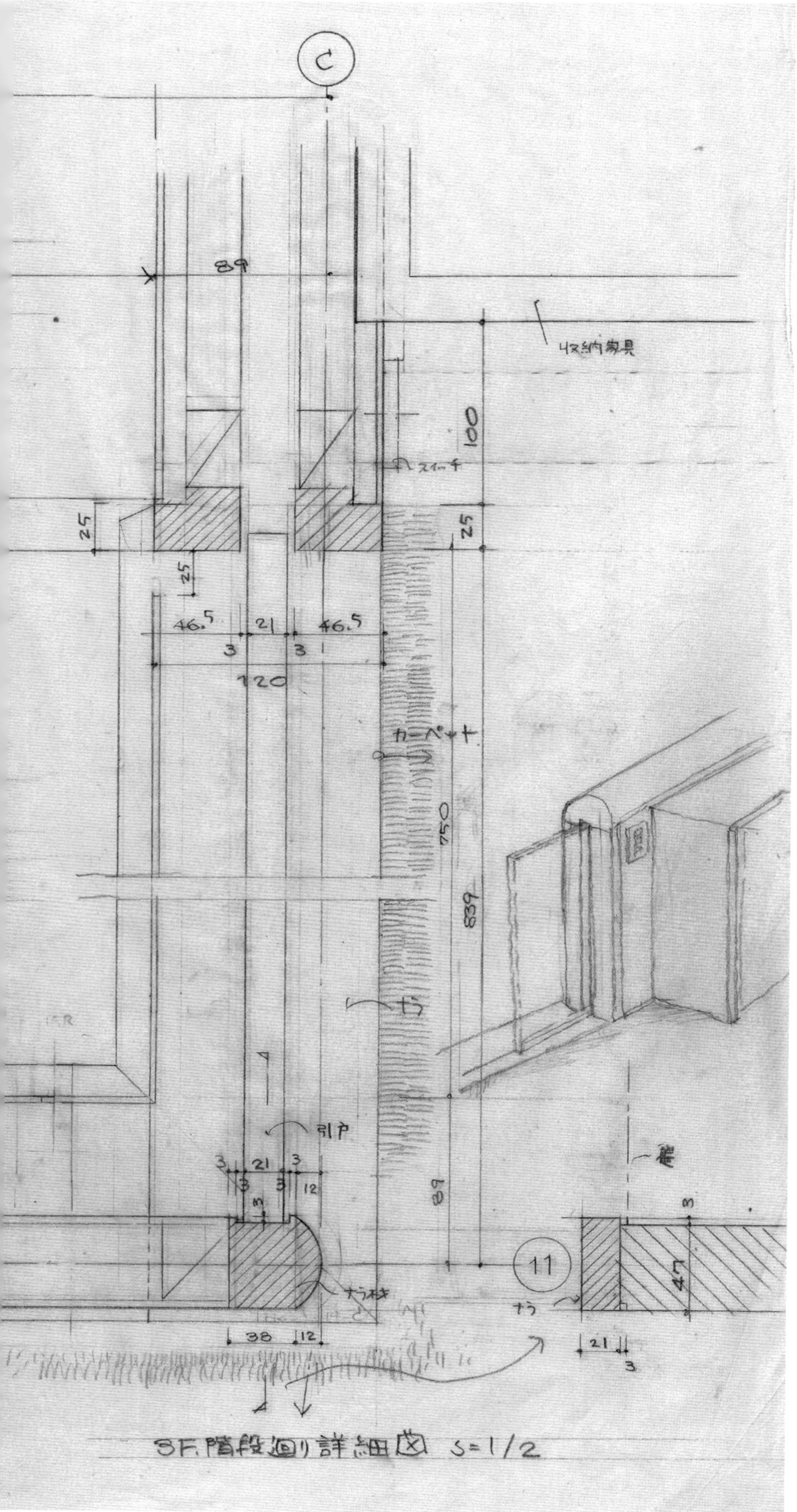
C
収納家具
スイッチ
カーペット
ナラ
引戸
ナラ材
11
3F.階段廻り詳細図 S=1/2

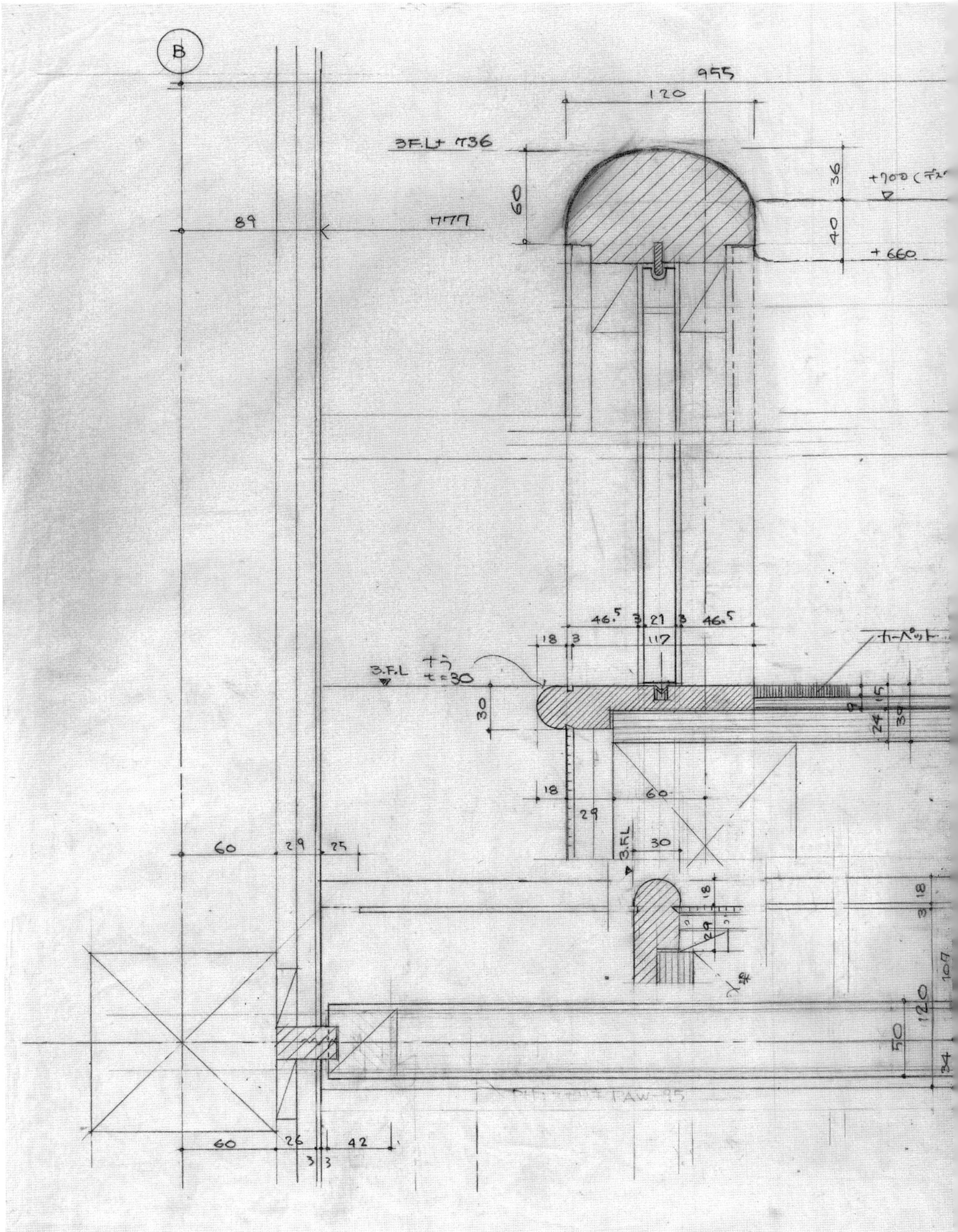

夏季の3階の冷気を下に逃さないよう、階段の手すり壁に引戸を仕込んだ。各部のディテールがトップライトからの光をまわすように曲面処理されている。

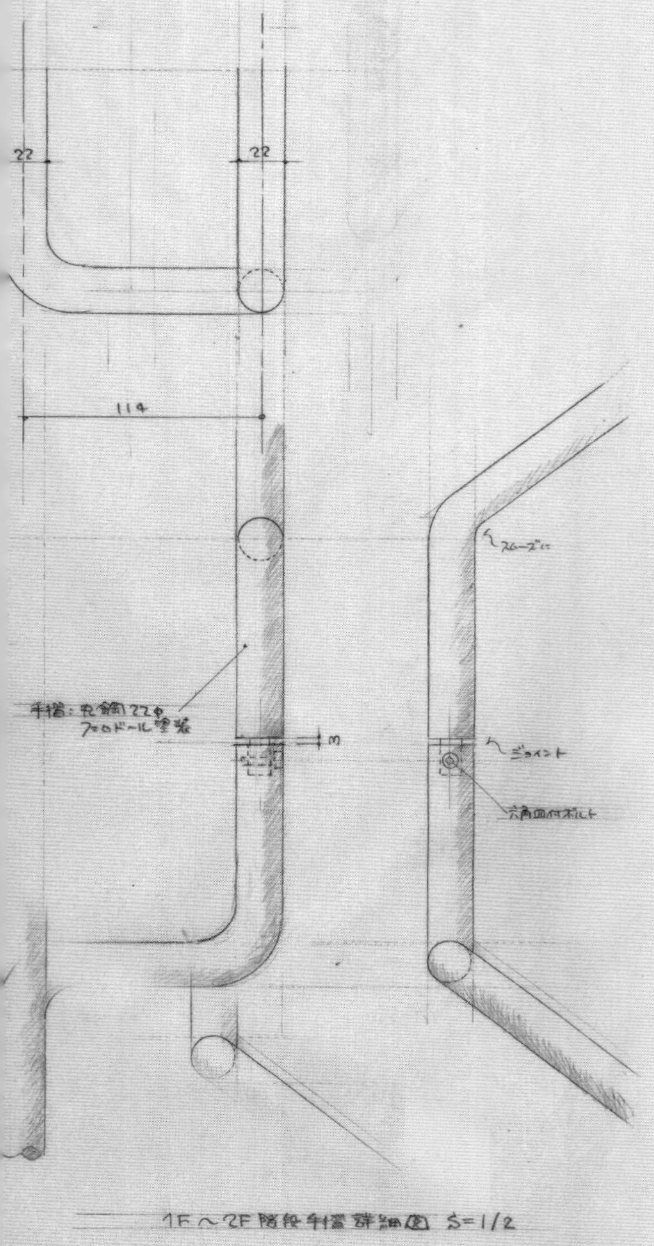
22
22
114
スムーズに
手摺：丸鋼22φ
ジョイント
六角皿付ボルト
1F～2F階段手摺詳細図 S=1/2

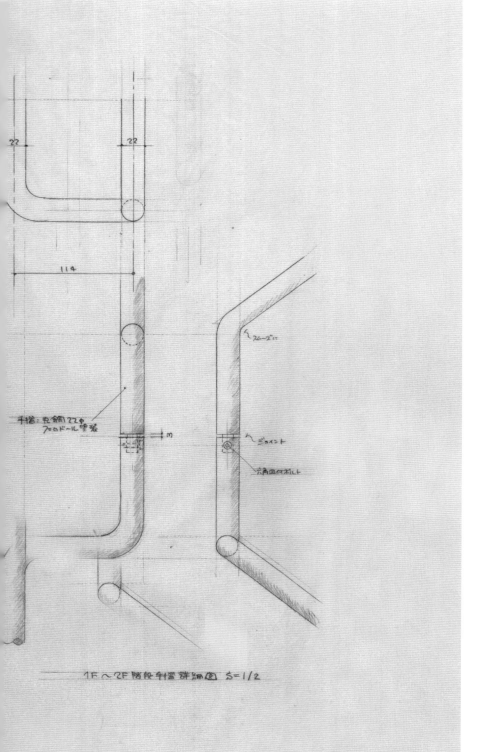

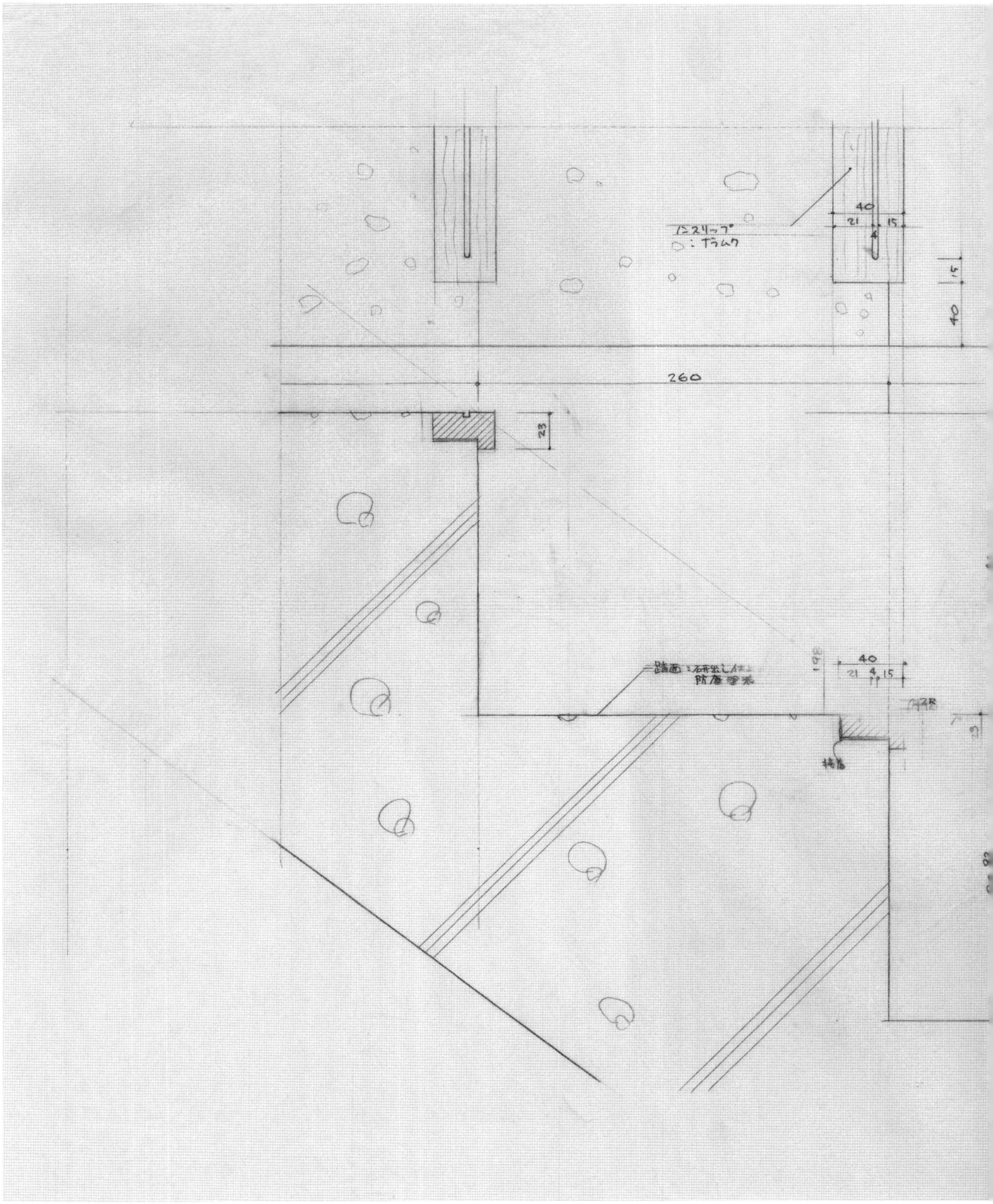

1～2階はRC階段。爪先の当たる部分はナラ材とし、踏面はコンクリートの砥ぎ出し加工とした。

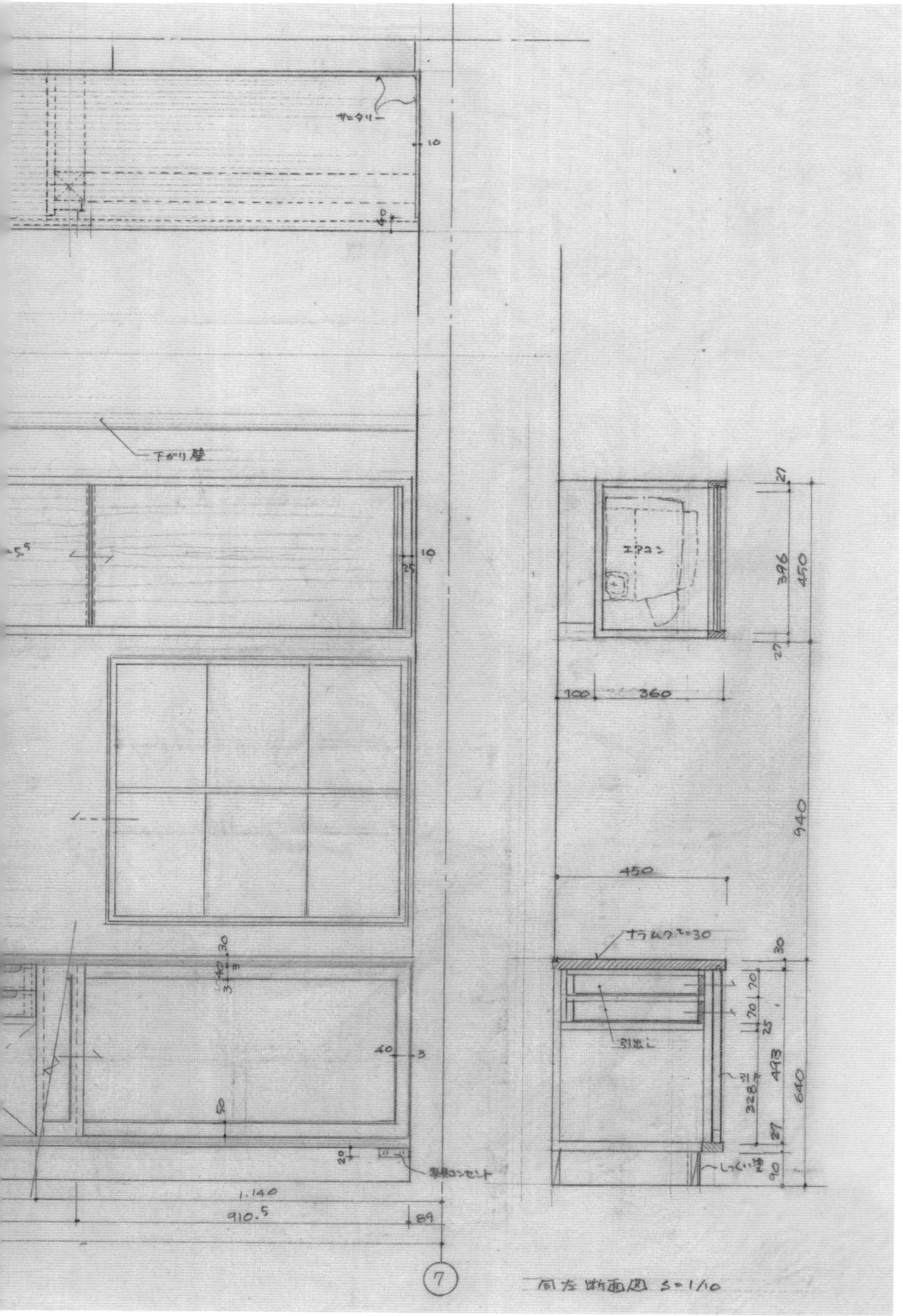
サニタリー
下がり壁
エアコン
ナラムクt=30
引出し
引戸
しっくい塗
家具コンセント
1,140
910.5
7
同左断面図 S=1/10

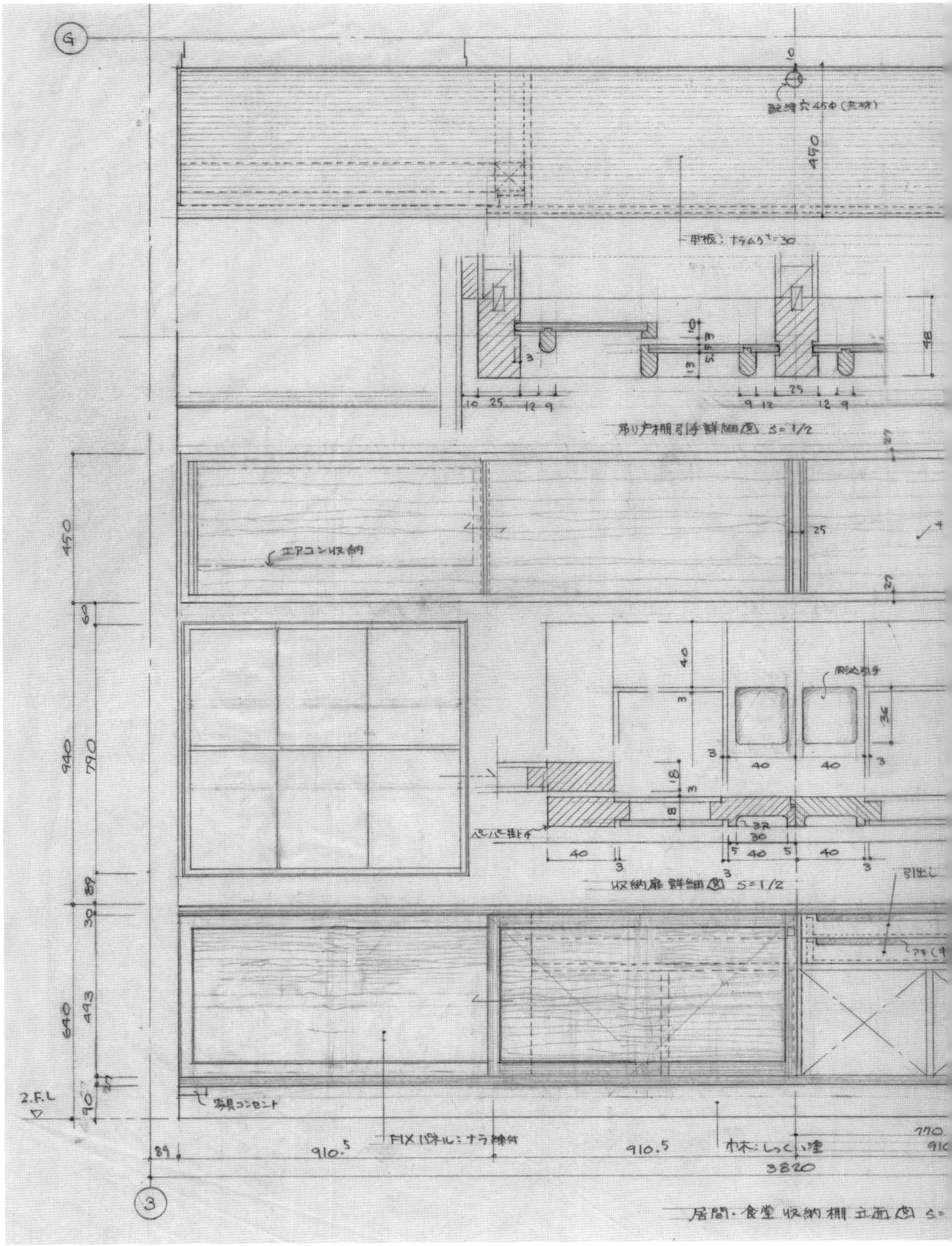

リビングの収納詳細図。シンメトリーとしている。

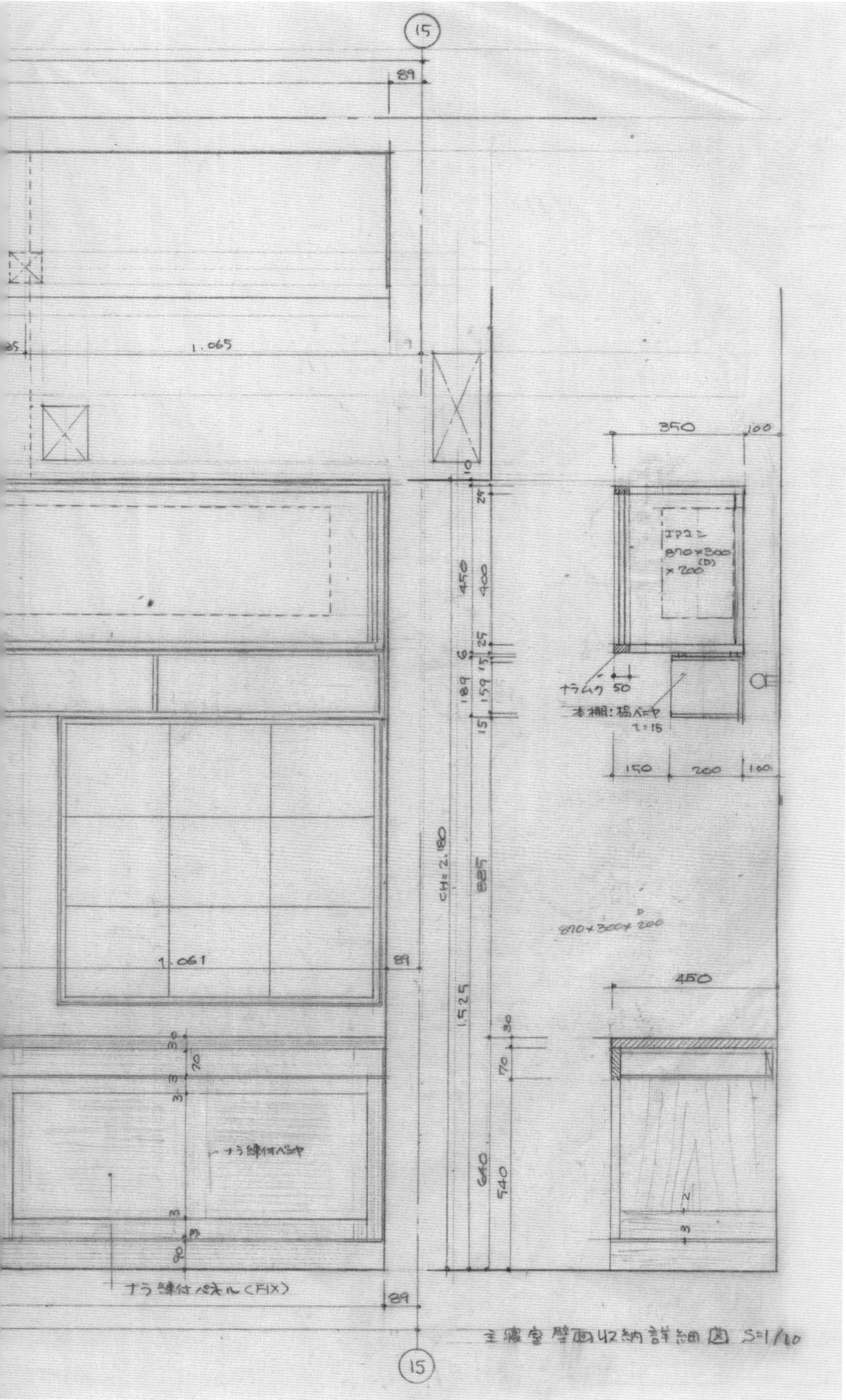
15
89
1.065
350
100
エアコン
870×300×200(D)
ナラムク 50
本棚：桐ベニヤ t=15
150
200
100
450
400
25
189
159
15
CH=2.180
885
870×300×200
1.061
89
1.525
30
70
640
540
ナラ練付ベニヤ
ナラ練付パネル〈FIX〉
89
15
主寝室壁面収納詳細図 S=1/10

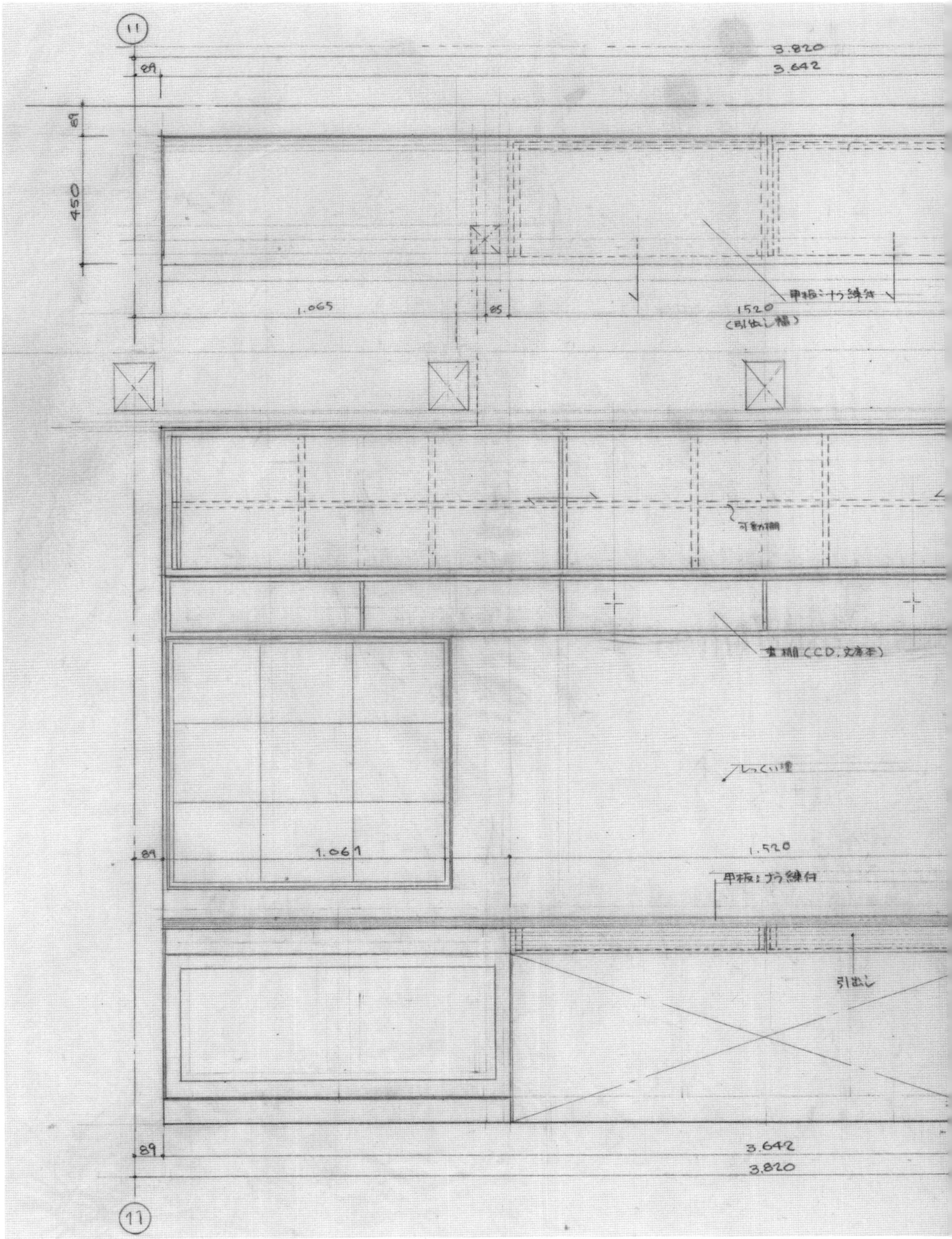
11
3.820
3.642
89
89
450
1.065
85
1520
(引出し幅)
甲板：ナラ練付
可動棚
書棚(CD, 文庫本)
しっくい壁
89
1.067
1.520
甲板：ナラ練付
引出し
89
3.642
3.820
11

主寝室の収納詳細図。

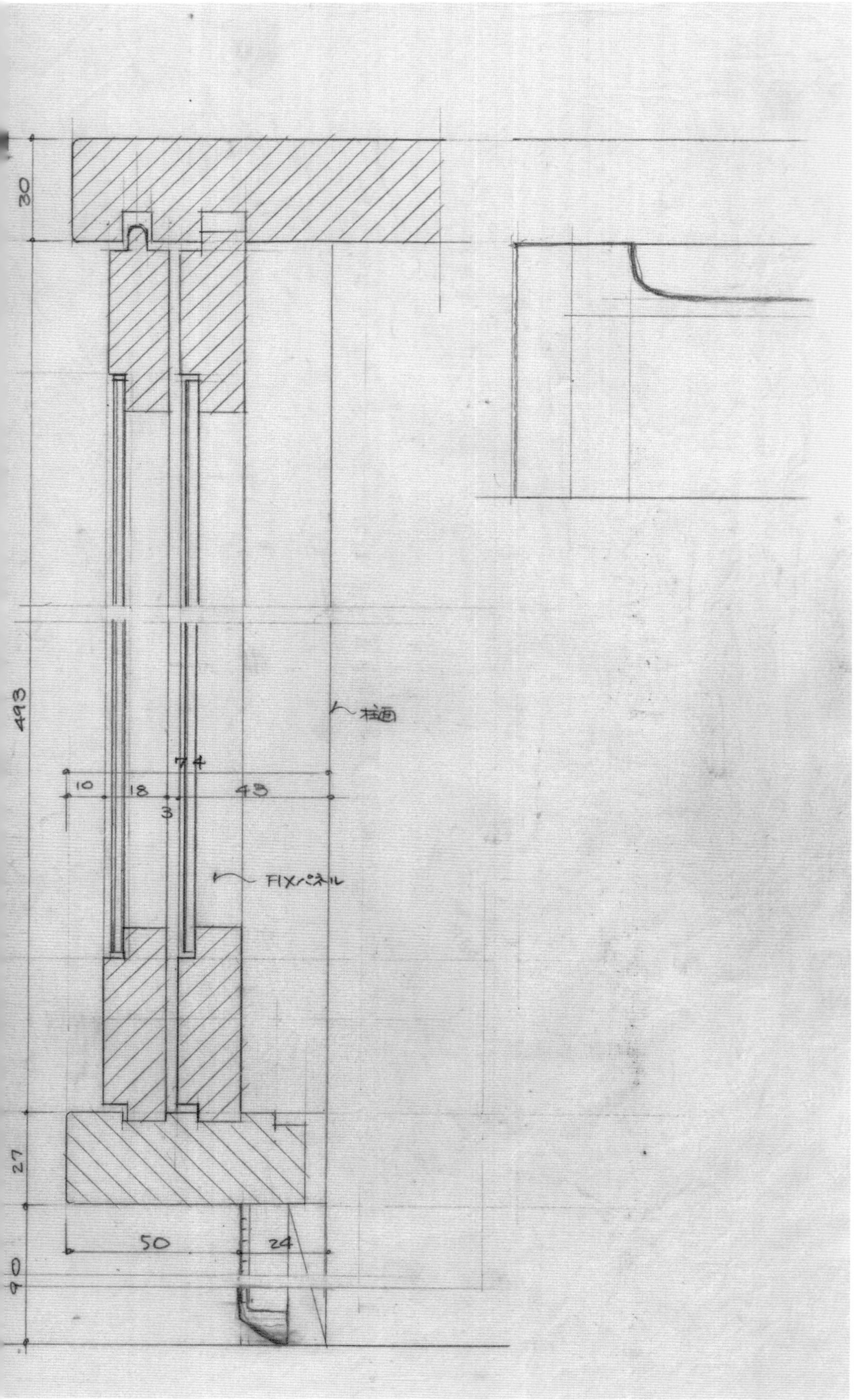

30
493
74
10
18
3
43
柱面
FIXパネル
27
50
24
90

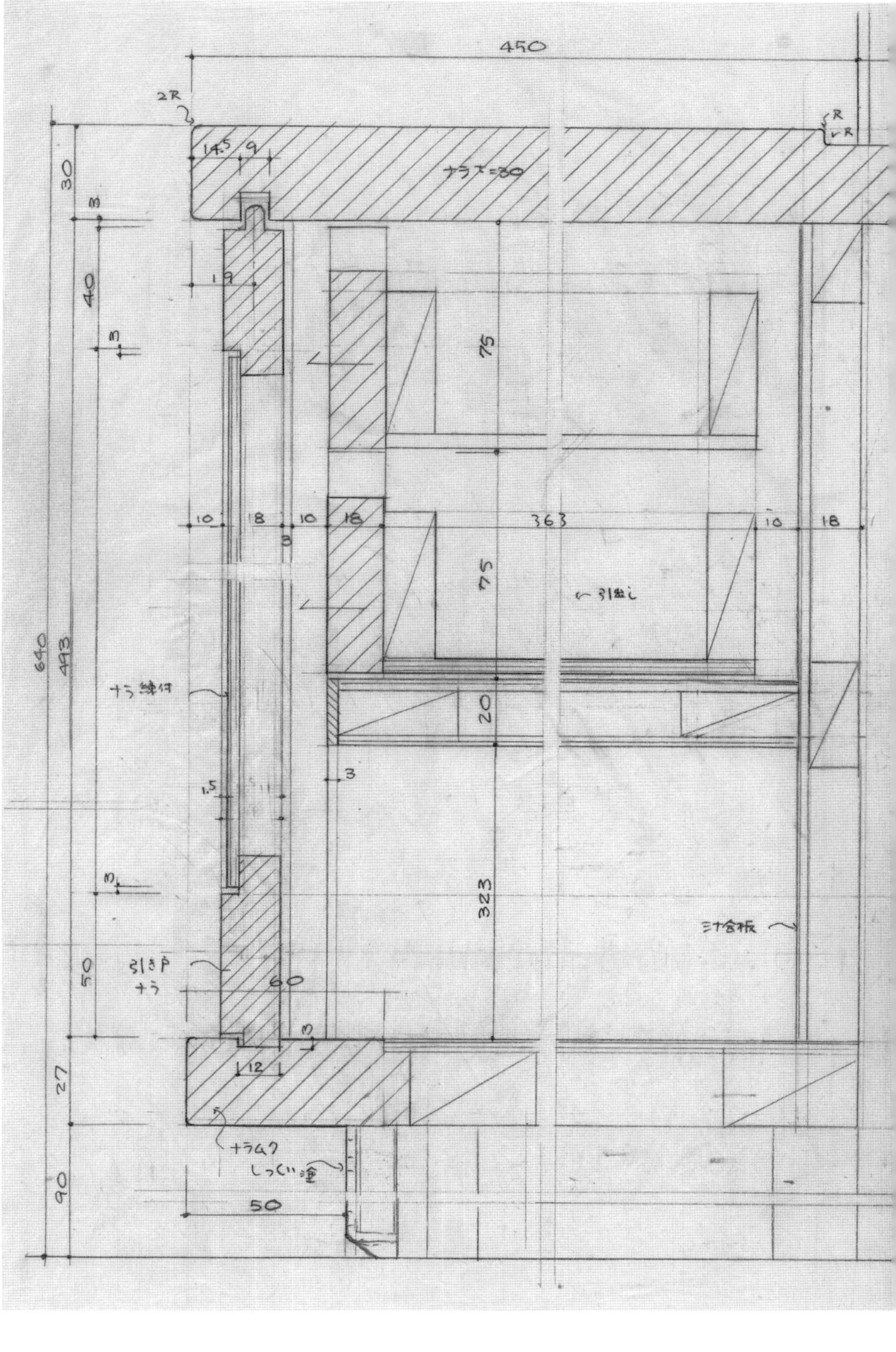

450
2R
R
R
14.5
9
30
3
40
19
75
10
18
10
18
363
10
18
75
←引出し
640
493
ナラ練付
20
3
1.5
323
50
60
3
27
12
ナラムク
しっくい塗
90
50

収納家具の各部詳細図。

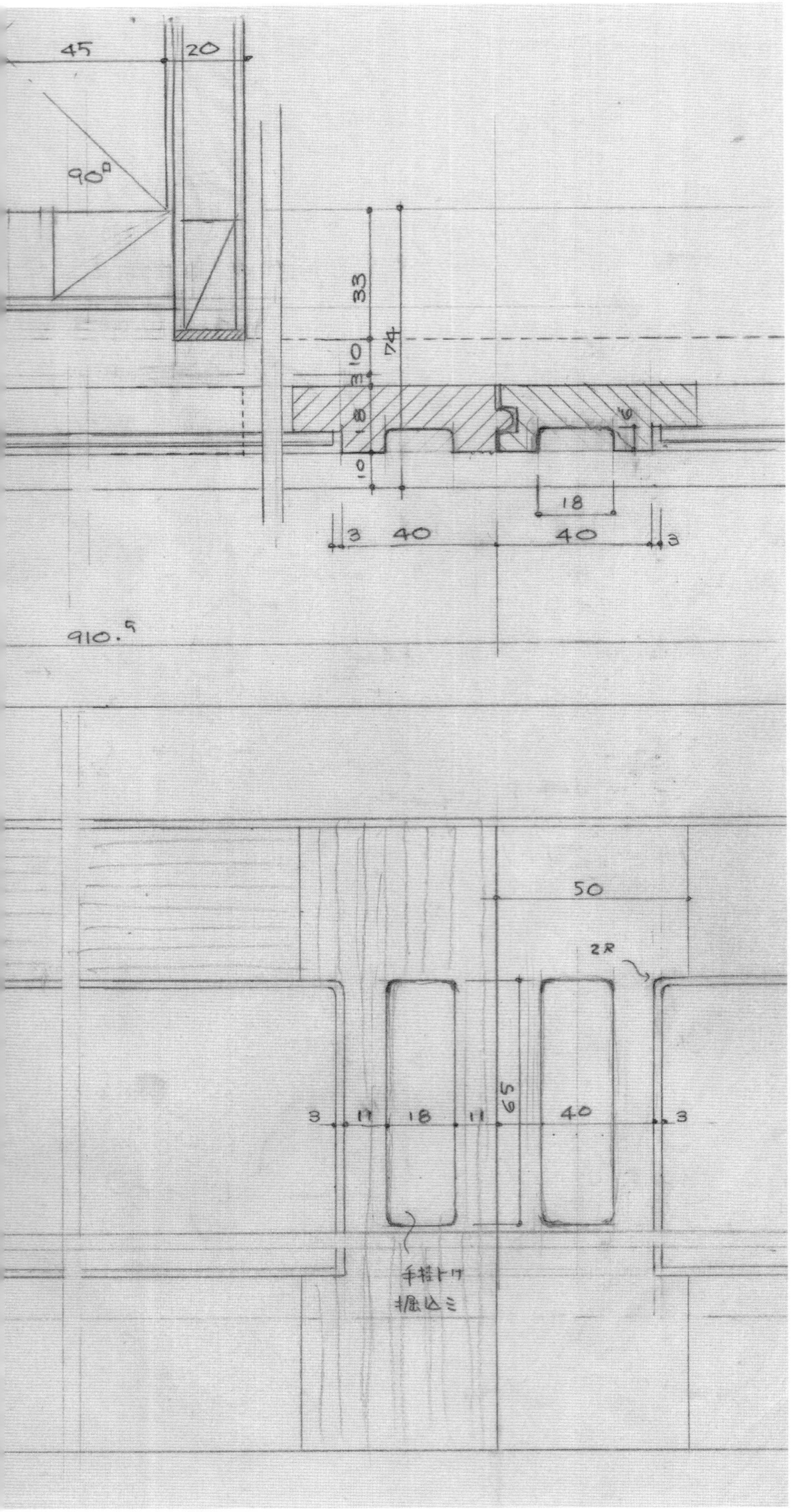
45
20
90°
33
74
18
40
910.5
50
2R
65
手掛ケ
掘込ミ

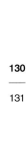

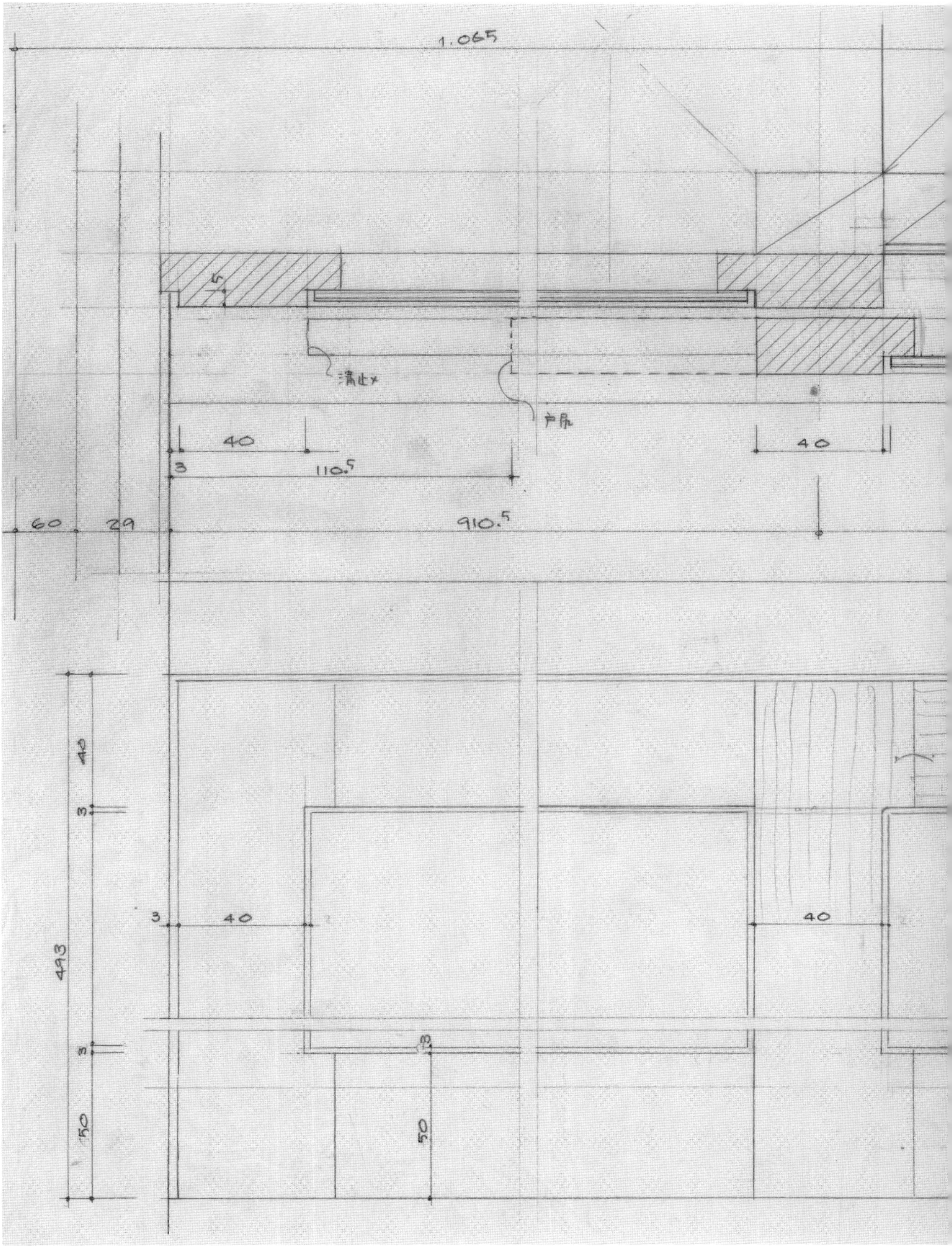

収納家具の引手詳細図。こうした直接手を触れるところは詳細に指示する。

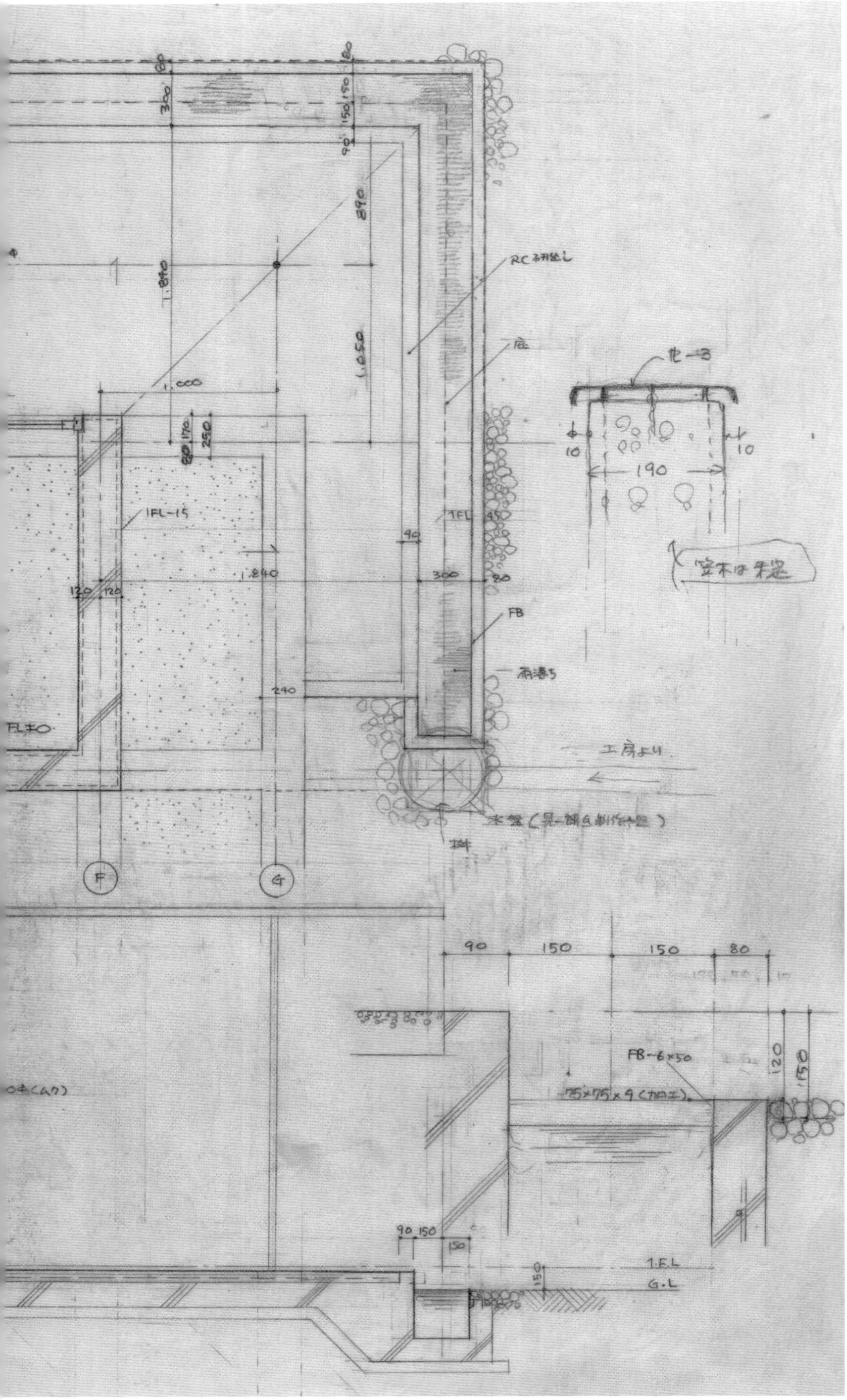
RC研出し
底
FB
雨落ち
工房より
1FL-15
FL±0
1.FL
G.L
FB-6×50
F
G
1,000
1,840
1,050
890
300
240
190
90
150
80
120

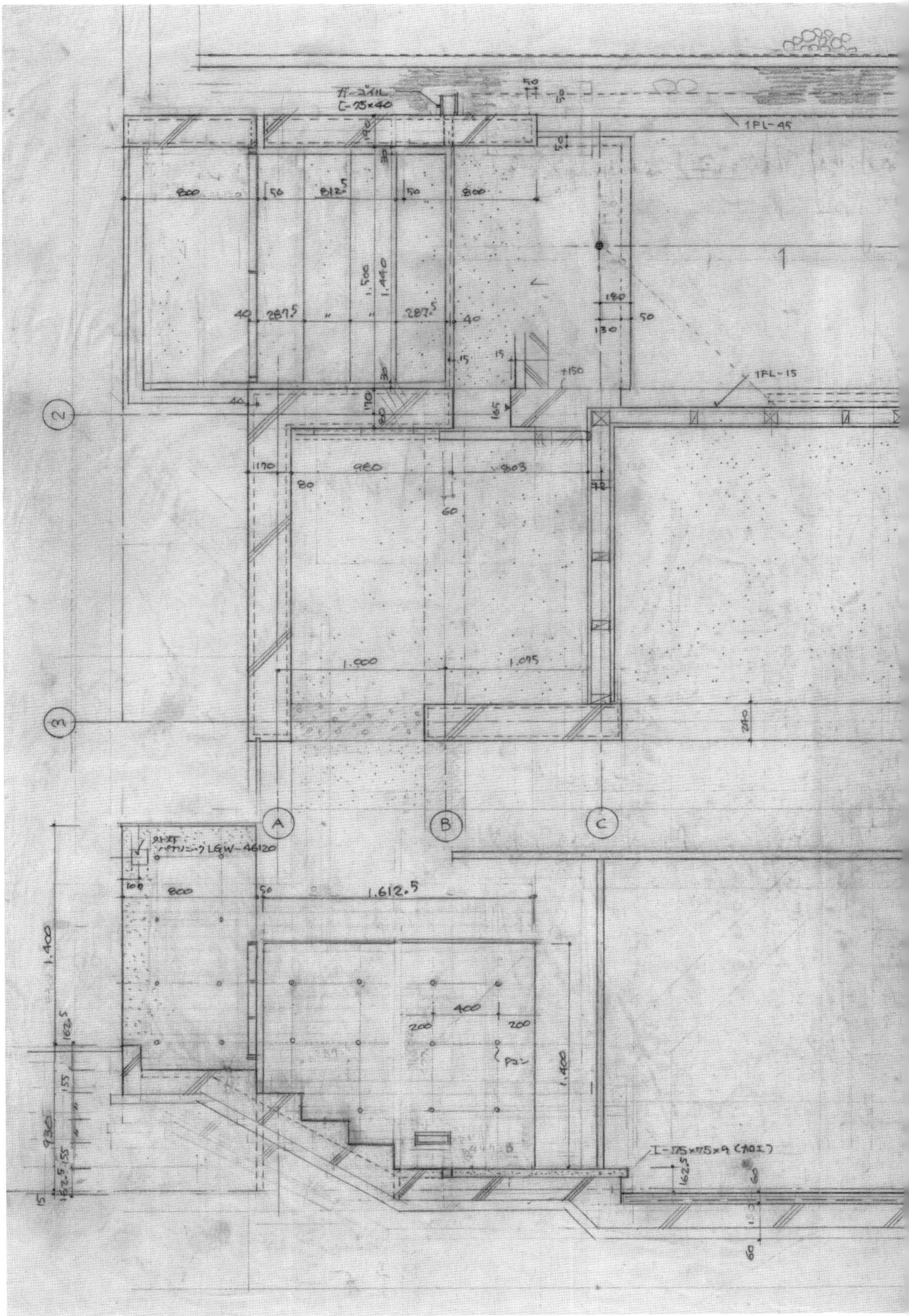

屋根やキャノピーの雨落ちは、既存の陶芸で使う排水路を整備した。

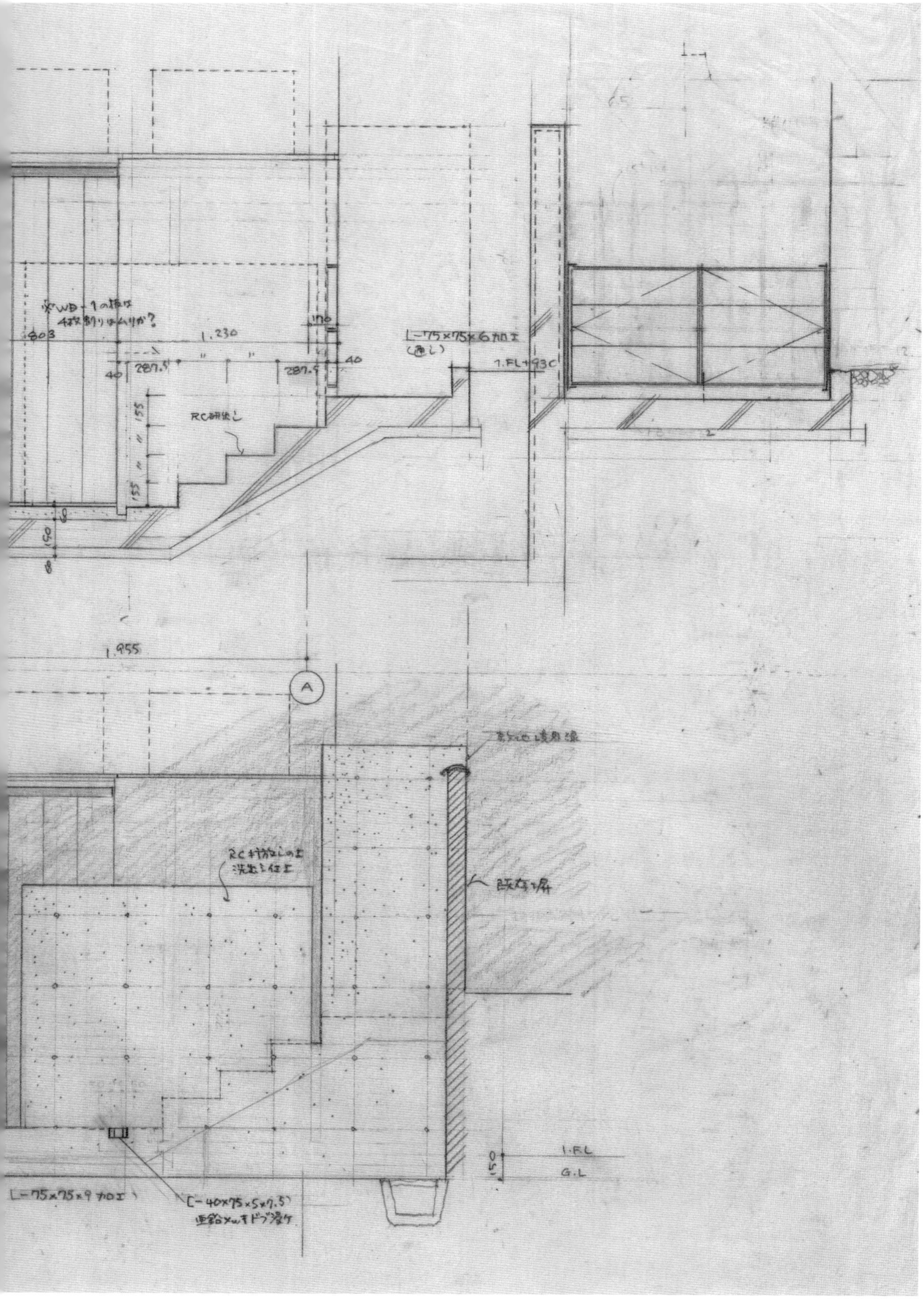

803
1.230
170
287.5
40
155
RC研出し
L-75×75×6 加工
1.FL+930
150
1.955
A
敷地境界線
RC打放しの上
洗出し仕上
1.FL
G.L
L-75×75×9 加工
[-40×75×5×7.5
亜鉛メッキドブ漬ケ

• drawings

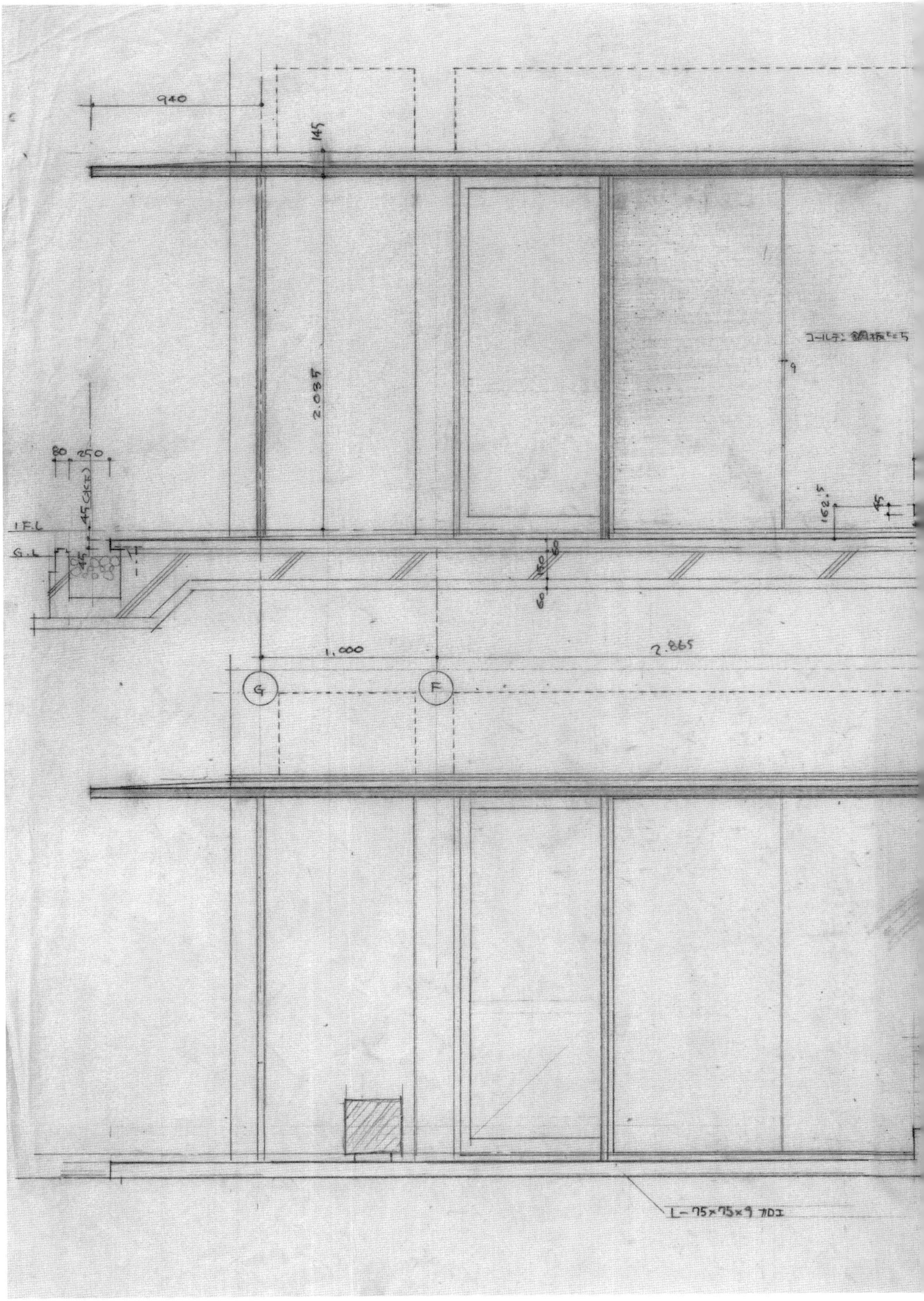

940
145
2,035
コールテン鋼板t=5
9
80
250
45
1F.L
G.L
45
150
60
60
162.5
45
1,000
2,865
G
F
L−75×75×9 加工

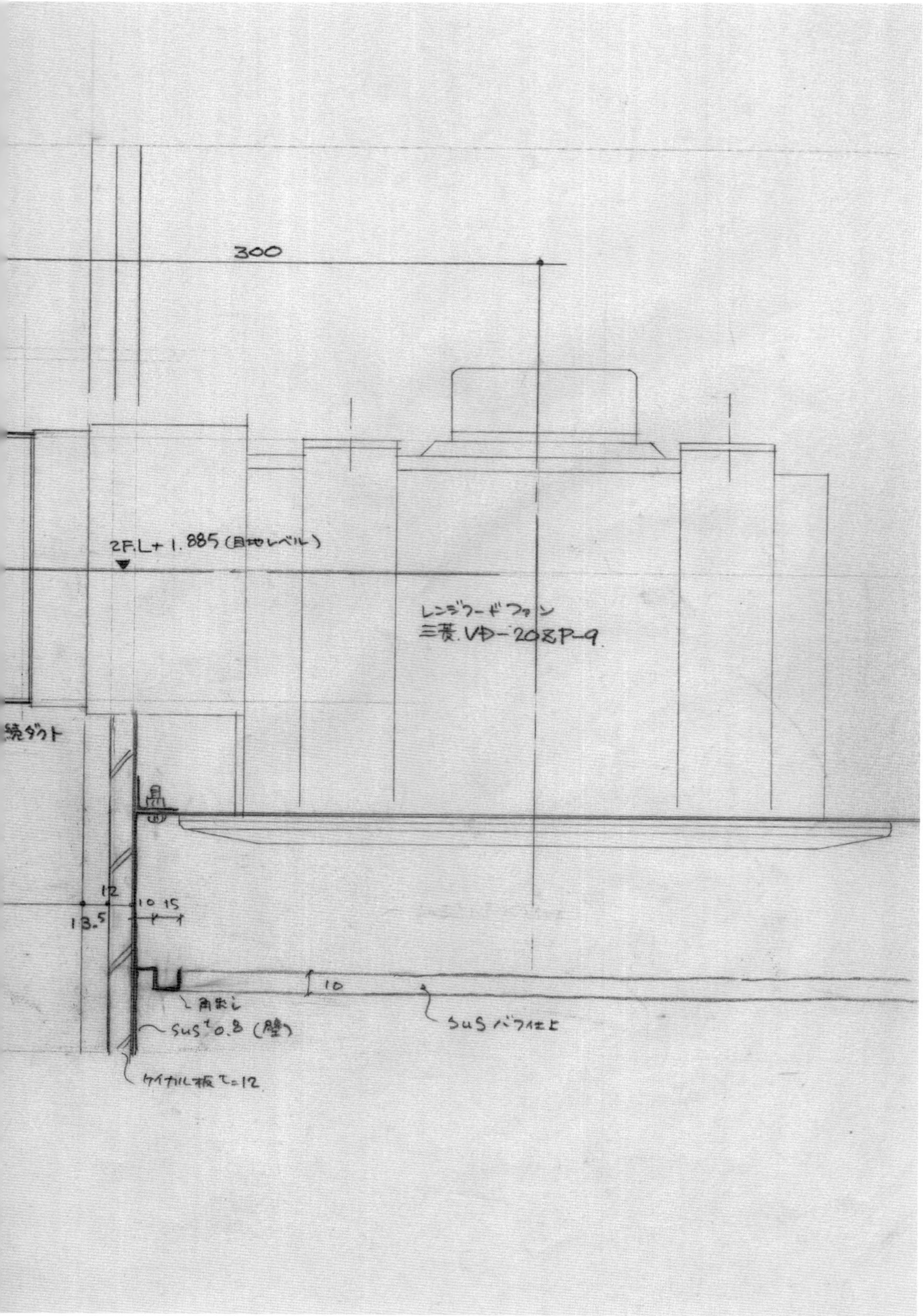

300
2F.L+1.885 (目地レベル)
レンジフードファン
三菱.VD-20ZP-9.
続ダクト
12
13.5
10 15
10
角出し
SUS t0.8 (壁)
SUS バフ仕上
ケイカル板 t=12

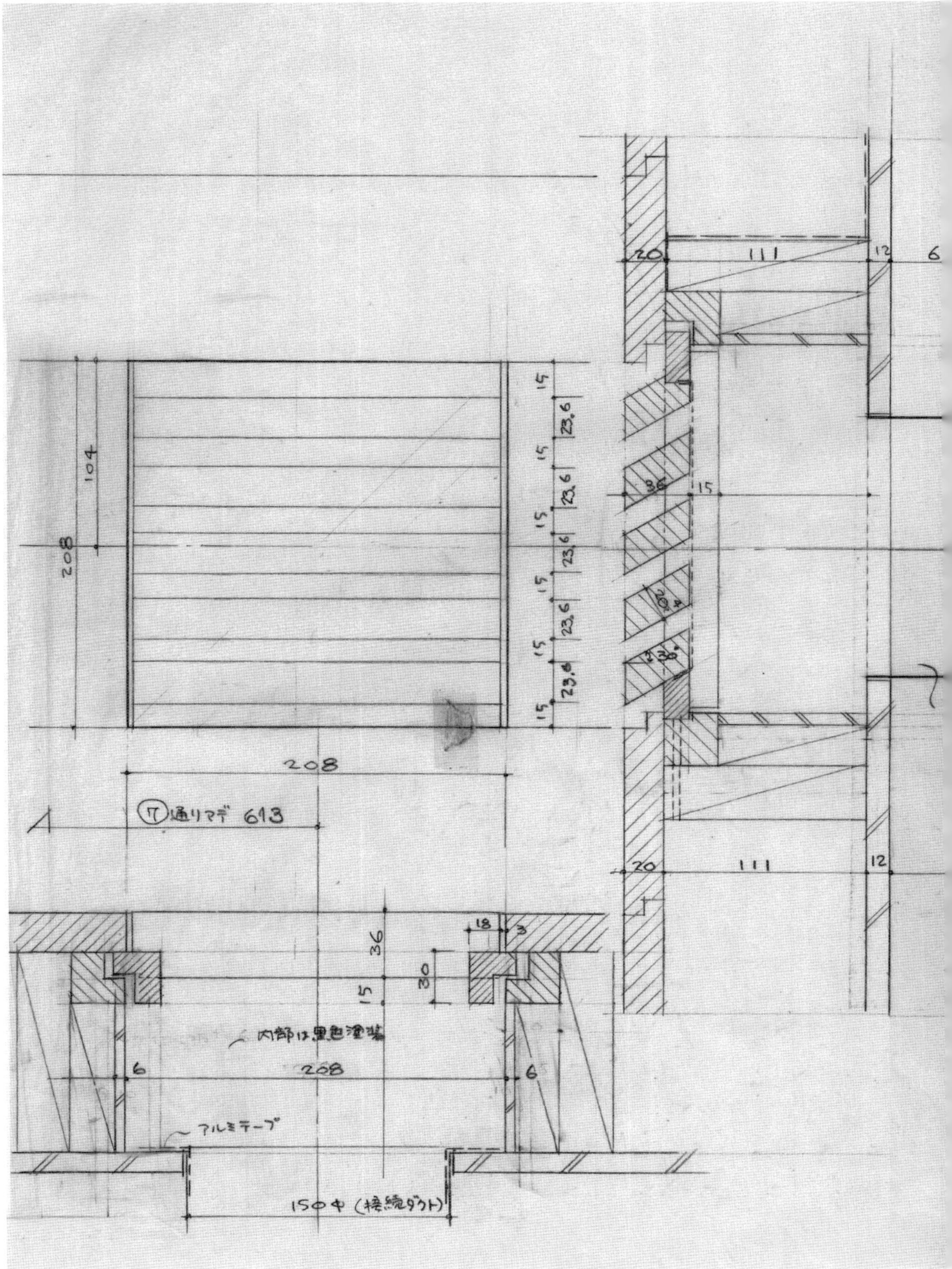

レンジフードの排気グリル詳細図。

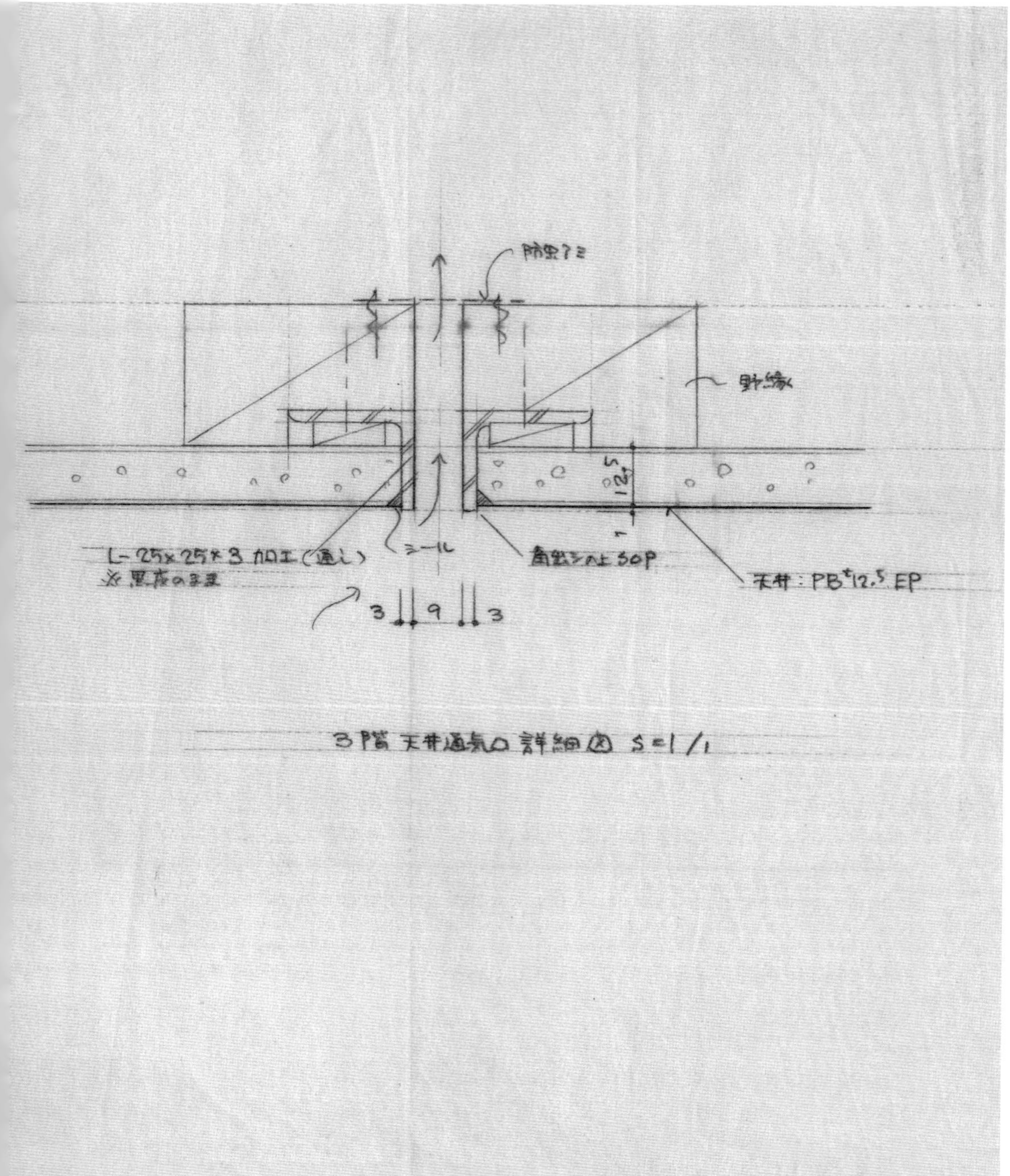
防虫アミ
野縁
L-25×25×3 加工(通し)
※黒皮のまま
シール
天井：PB t12.5 EP
3
9
3
3階 天井通気口 詳細図 S=1/1

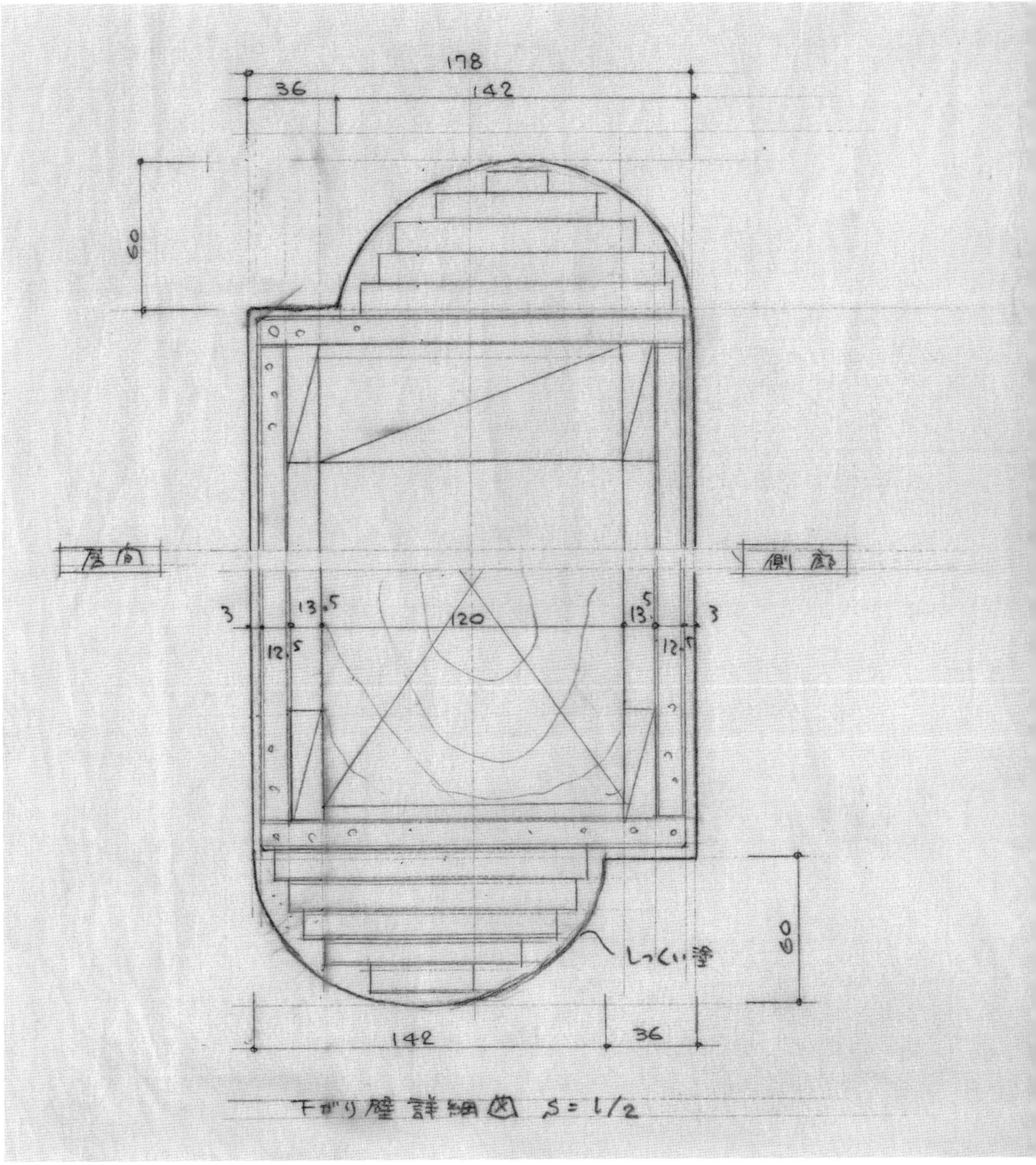

垂壁の小口をまるく漆喰で仕上げるために、塩ビパイプを利用したコテをつくった。下地はプラスターボードを層にしてこしらえた。右図は天井面の吸気口であり、天井仕上げの逃げでもあるスチールアングルを加工したスリット図。

　この本の企画は、当初、特装版としてそのままハードカバーに仕立てるものとしてはじまったが、話が進むにつれ、もっと別の形が相応しいと思うようになった。今日、懇切丁寧に細かいところまで建築を記録した本は多いが、作品から遠く離れたときになお残るイメージ、雰囲気といった記憶の残像……、それらが簡潔に記録され、余韻をもつ本になればと思った。

　とはいえ、出版社の方からいただいた原図集というタイトルにはいささか戸惑った。いわば舞台裏を公表するようで気恥ずかしい気持ちでいっぱいなのだが、自らに問いを立て、一歩前進の気概に満ちた当時の初々しい気持ちが立ち現れていると思う。振り返ると、この伊部の家を境に私の仕事も変化しているようである。

　今回ここに収めたドローイングは、ある種の生々しい作り手とのやりとりそのものであるから、推敲というよりもっと確かなもの――建築に確固たる質を付与せんとする意志であり、作り手に向けた真剣な問いかけであり、願いでもある。前著と合わせてご覧いただきたい。

　最後に編集者の三井渉氏、デザインを担当してくださった石曽根昭仁氏、何よりこの家のオーナーである伊勢﨑さんご一家。誠実なものづくりをしてくださった作り手の方々、日々支えてくださる皆様の理解と支援がなければこの本は生まれなかった。この場を借りて御礼を申し上げたい。

手嶋保

手嶋保（てしま・たもつ）

1963年　福岡県生まれ
1986年　東和大学工学部建設工学科卒
1990～1997年　吉村順三設計事務所勤務
1998年　手嶋保建築事務所設立

現在、手嶋保建築事務所主宰
関東学院大学非常勤講師（2017年～）

作品と受賞歴
「道灌山の家」　平成19年 日本建築家協会優秀建築選
「川越の家」　平成24年 かわごえ都市景観デザイン賞
　平成26年 日本建築学会作品選集
「伊部の家」　平成26年 日本建築士連合会賞優秀賞
「牟礼の家」　2018年 日本建築学会 作品選集
「三秋ホール」　2019年 日本建築学会 作品選集

著書
『住宅設計詳細図集』オーム社　2016
『MIAKI 三秋ホールの風景と建築』millegraph　2017

手嶋保建築事務所
http://www.tteshima.com

写真撮影
伊勢崎 晃一朗（pp.30-31,40）
西川 公朗（右記以外）

図版調整
小林 則雄
[Nor's Graphic]

デザイン
石曽根 昭仁
[ishisone design]

「伊部の家」原図集

2019年8月20日　　第1版第1刷発行

著　者　手嶋　保
発行者　村上和夫
発行所　株式会社 オーム社
郵便番号　101-8460
東京都千代田区神田錦町3-1
電話　03(3233)0641(代表)
URL　https://www.ohmsha.co.jp/

印刷・製本　三美印刷
ISBN978-4-274-22392-1　Printed in Japan